U0815634

知识就在得到

详谈

青山周平

李翔/著

新 星 出 版 社 NEW STAR PRESS

总 序

回到采访

在离开记者这个行业将近 5 年之后，我决定重新开始做采访，并且发表出来。之所以这么做，是出于下面两个理由。

第一个理由，是它本身所具有的知识积累的价值。

我非常喜欢西方历史学之父希罗多德在巨著《历史》的开头写的第一句话：

> 以下所展示的，乃是哈利卡纳苏斯人希罗多德调查研究的成果。其所以要发表这些研究成果，是为了保存人类过去的所作所为，使之不至于随时光流逝而被人淡忘，为了使希腊人和异族人的那些值得赞叹的丰功伟绩不致失去其应有的荣光，特别是为了把他们相互争斗的原因记载下来。

这句话揭示了采访的价值所在。采访、记录和研究的目的是对抗遗忘，让后来的人可以真正做到站在前人的肩膀上前行，而不至于陷入不断重蹈覆辙或者不断重新发明轮子的怪圈中。

采访、记录和研究的对象，既包括“那些值得赞叹的丰功伟绩”——我们之中那些优秀的创造者们，不断在用自己的聪明才智创造出一些让我们所有人都变得更好的产品、服务和组织；也包括失败和争斗——即使是我们之中那些最优秀的人，也难免会犯下错误，这些错误其实都是在为作为一个整体的我们试错，都值得被记录。

这件事情在今天尤其值得做，因为今天做这种采访、记录和研究的人正在减少。这里面当然有很多原因，包括传统的严肃媒体的衰落；包括因为社交网络的发达，受访者的只言片语越来越容易被拿出来放大，这让他们越来越小心谨慎；包括各种碎片化或娱乐化的内容已经挤占了人们越来越多的时间，以及内容生产者们越来越倾向于认为，受众就是喜欢碎片化和娱乐化的内容。

但是所有这些原因都没有改变希罗多德指出的采访、记录和研究的价值——它是我们的知识积累的一部分。

尤其是那些一手的采访，可以让其他行动者受到启发，获得激励，或者哪怕仅仅知道自己并不孤独；也可以成为其他人研究或者评论的基础——至少可以通过一手的采访知道当事者究竟是如何想的，哪怕你认为他想的并没有道理。

第二个理由，是我还挺高兴做这件事情的。

每个人眼中世界上最好的工作都不一样。对于我而言，最好的工作就是可以见到那些我喜欢的创造者们，听他们分享自己的成就、经验、方法和挫败。为了避免显得自吹自擂，这个理由就说到这儿吧。

拿到这套小册子，你会看到什么？

首先，当然是第一手的长篇访谈。我会努力找到我能找到的、我欣赏和尊重的、最优秀的商业实践者和价值创造者，向他提问，请他分享他的实践经验、做事情的方法，包括经历过的挫败和收获。

我自己觉得它们一定会对你有所启发。而且，我还抱有一种雄心，就是希望它们在十年甚至几十年后，仍然能够激发读到的人。

其次，如果你愿意跟随这趟旅行，我相信你能看到一幅逐渐在你眼前展开的画卷。它不是静止的、一次性的，而是动态的、发展的。因为在我的设想中，我希望能够跟访谈的对象保持一个长期的、以十年甚至数十年为单位的沟通，把他们的想法和实践动态地、周期性地呈现出来。你看到的会是一部正在发展的、以人为单位的价值创造史，里面会有成就和经验，也会有矛盾和变化——毕竟世界本身就是不断变化的，它要求实践者做好准备随时推翻自己。

最后，因为这件事情要持续做下去还挺难的，所以我想用意大利著名记者法拉奇的一句话做一下自我鼓励：

我说我每进行一次采访都花了心血，这并不言过其实。我要花费很大的劲才能说服自己：去吧，没有必要成为希罗多德，你至少能带回一块对拼组镶嵌图案有用的小石头，和对人们思考问题有用的情况。要是错了，也没有关系。

最后的最后，希望这些文字真的对你思考问题有用，并让你得到激发，去进行自己的创造。

李翔

2020 年 10 月 20 日

目　录

青山周平是谁

青山周平是一名活跃的年轻建筑师。他是位于北京的B.L.U.E. 建筑设计事务所的创始合伙人和主持建筑师。

青山周平的代表作品包括精品咖啡品牌 % Arabica 上海建国西路和成都宽窄巷子门店、江南半舍民宿、阿那亚的唐舍酒店和味从山海甜品店、泉州的盒子社区，以及包括苏州有熊文旅公寓、北京白塔寺胡同有术精品民宿在内的改造项目。

作为一名日本籍建筑师，青山周平在中国拥有很高的人气，而且媒体在提到他时，也总是会跟一些典型的中国元素联系在一起。

青山周平在微博上拥有超过 81.8 万[①] 名关注者。尽管同一些演艺明星相比并不算多，但他已经是在社交网络上拥有最高关注度的建筑师了。

他也已经跟北京的“胡同”联系在了一起。当青山周平出现在视频中时，摄像机最喜欢拍的镜头就是他走在老北京的胡

---

① 截至 2022 年 7 月 15 日。

同中，两边是小店、人群、电动车和三轮车；再或者，是他坐在四合院老宅的屋顶上，触手可及的是胡同低垂的树枝。这一方面是由于他在胡同中居住了超过十年，总是不吝于表达自己对胡同生活方式的热爱；另一方面也是因为他被人认为擅长做胡同中老房子的改造，无论这些老房子的面积多么狭小，或者空间布局带来了多少挑战。

此外，他自己也认为在胡同中的生活影响了他对于建筑的理解。比如，对于胡同中人、建筑和自然之间的平等关系的认识和理解，不同家庭和人之间共享很多生活空间带来的对于共享生活方式的理解。他也乐于跟人解释这些。

1

2005 年，25 岁的东京大学研究生青山周平从日本来到北京，在 SAKO 建筑设计工社实习。这家企业由比青山周平年长 10 岁的日本建筑师迫庆一郎在 2004 年创立。迫庆一郎在参与设计和建造北京长安街南侧的大型建筑项目建外 SOHO 时，看到了在中国成立建筑师事务所的机会。

2005 年的北京生机勃勃，像是建筑师的天堂。为了迎接 2008 年的北京奥运会，一系列标志性建筑正在破土动工，包括瑞士建筑师雅克・赫尔佐格与皮埃尔・德・梅隆设计的被称为“鸟巢”的国家体育场，法国建筑师保罗・安德鲁设计的中国国家大剧院，以及荷兰建筑师雷姆·库哈斯设计的 CCTV（中央电视台总部）大楼。尽管其中一些建筑在建造的过程中不时引发争议，但是，这座城市似乎正是想要通过这种方式来表达自己的开放、包容和自信。

因此，尽管对于一个刚毕业的日本建筑系学生而言，更主流的选择是加入一家日本或欧洲的建筑师事务所，或者到日本的大型建筑设计院工作，但青山周平还是选择毕业后留在了北京。在这里，他的同事是年轻人，他的老板是年轻人，甚至来委托他们做大型项目设计的业主，也是年轻人。尽管北京是一座古老的城市，但它却是在跳跃着向前走。那些讨厌喧闹的人会觉得这座城市简直像一座大型工地，几乎随处可见吊塔和建筑工人，而那些喜欢变化的人却会认为这里充满活力和机遇，也能够接纳多元化的尝试。

北京没有让他失望。

2014 年，尚且不到 35 岁的青山周平，在北京 CBD（中央商务区）旁一个由工厂改造而成的创意园区内，租下了两个 20 平方米大小的房间，创办了自己的建筑设计事务所 B.L.U.E.。B.L.U.E. 是北京城市环境研究所（Beijing Laboratory for Urban Environment）的缩写，这个名字由他喜欢的一些关键词组成，它的缩写则暗合他的名字“青山”。

此后，如果是在一条常规的路径上，作为一名创办了自己事务所的建筑师，青山周平应该继续去接商业项目养活自己和自己的团队，不断积累自己在建筑行业中的声望，同时，参加大型项目的公开竞标。因为，虽然失败概率很高，但是各种建筑竞赛会给年轻建筑师提供一条被更多人看到的捷径。2006年，中国建筑师马岩松[①]就是因为赢得了加拿大密西沙加市一座地标建筑的设计权，被很多媒体注意到，并且在之后一步一步成为最具全球知名度的中国建筑师之一。

不过，运气或者说时代的机遇找上了青山周平。2015年的一档电视节目极大地提升了他作为建筑师的知名度。在东方卫视的节目《梦想改造家》里，青山周平对北京南锣鼓巷胡同中一处35平方米的住宅进行了改造。他把一个原本杂乱的老北京风格的房子，变成了充满设计感的住宅。然后，社交网络放大了他的受欢迎程度。他讲话时不疾不徐的态度，年轻稳重的面容，再加上经他改造的房间与之前的强烈对比，让他在互联网上大受欢迎。

青山周平自己事后分析，这应该同2015年前后大的社会背景变化有关。一方面，人们对于老城区的改造萌生了兴趣，对胡同中的老住宅产生了好奇；另一方面，越来越多的人对于如何利用好小空间有真实的需求，因为高涨的房价让绝大多数城市年轻人都要生活在小房子中。

---

① 中国知名建筑师，北京MAD建筑师事务所创始人，代表作品包括美国洛杉矶卢卡斯叙事艺术博物馆、加拿大密西沙加市“梦露大厦”等。

2

当然，建筑师本身就需要对社会的变化进行回应。在青山周平看来，家庭本身在发生变化，在城市中已经出现了 3.0 家庭。

第一代家庭是一个大家族一起居住，与之匹配的是像四合院这样的居住空间，它能够做到四世同堂。第二代家庭是一家三口或者一家四口这样的城市家庭，与之匹配的空间，是高层公寓住宅的两室一厅或者三室一厅。现在，在出生于 20 世纪 80 年代的青山周平看来，在像东京、北京和上海这样的都市，开始出现了独自居住的年轻人组成的一个人的家，但是社会还没有来得及为这种迷你家庭提供相应的居住空间。新的家庭形态，需要新的建筑空间。

他在泉州的设计项目盒子共享社区，就是这样一种回应。独居的年轻人可以睡在一个能够移动的盒子中，睡眠和休息之外的其他功能，比如社交、娱乐和吃东西，则可以通过盒子之外的共享公共空间来满足。

盒子社区在网络和媒体上拥有很高的知名度，这既是因为青山周平当时的人气，也是因为这个共享生活社区本身的概念非常有实验性和未来感。青山周平的解释则是，盒子社区关心的议题，也就是当下年轻人在高房价的城市中的生活方式，本身就不仅仅是一个建筑话题，它同时也跟城市、社会学和生活方式有关，所以才能吸引那么多媒体的注意。

社交网络上的人气，一方面让他拥有很多建筑行业之外的关注度，另一方面，这种关注度却也容易让一些人把他视为简单的“网红建筑师”，而忽略他对建筑作品本身的思考和尝试。

在青山周平感兴趣的建筑和设计方向中，既有已经被人熟知的小空间、共享生活方式空间的设计，也有立体建筑设计，以及具有开放精神的所谓“失控”的设计。这种“失控”的设计，指的是建筑中的元素并不一定全都是建筑师画好图纸，然后按照建筑师的意图规划和施工，相反，其中有一部分元素更像是自己生长出来的，从而给了建筑一种新的可能性。

他自己也很坦率地承认，有时候他会因为被简单地视为网红建筑师而感到困扰。他会担心人们批评他，虽然在互联网上知名度很高，却没有能够与之匹配的作品。因此，他暗下决心，一定要让作品的受关注程度，超过自己在互联网上的受欢迎程度。

3

我在社交网络上看到过，也实际听到过不少对于青山周平略带嫉妒的评论。这些评论暗示着，在青山周平的境遇中，有太多运气的成分。似乎他只是一个刚好在恰当的时间段出现在媒体上的相貌英俊的年轻建筑师，做了一个刚好会被很多人关注的胡同住宅的改造项目。有太多可能同样优秀的年轻建筑师，没有青山周平这样的好运，即便他们在当时有能力做出相近的设计。

但是，在对青山周平做了两次访谈之后，我更加理解了美国哲学家罗纳德·德沃金对运气的区分。我们经常谈论的运气可以简单地分为原生运气和选项运气。举个例子，如果作为一个年轻建筑师，你刚好赶上了 2000 年之后中国在建筑领域同时出现的开放包容性和大规模建造浪潮，这当然是一种运气。这种运气可能不是今天的年轻建筑师所能享有的。这是一种原生运气。

但是，如果你是一个在欧美或者日本接受建筑教育的年轻建筑师，你在那个时候选择到中国来，这就是一种选项运气。这种运气只有在你做出一个具有风险的选择之后，才可能出现。

青山周平需要在 2005 年，放弃在当时看来更加主流的选择，到中国一个刚刚创立的不知名的建筑师事务所工作。要做出这个选择，他才可能体会到当时的中国对于年轻建筑师的可能性是什么。

他需要在学会中文之后，放弃继续住在亮马河边的公寓中，搬到胡同里去住，哪怕为此牺牲一些便利性。要做出这个选择，他才可能对胡同、胡同中的老房子和本地人的生活方式有所理解。

他需要拿出半年的时间参加一档电视节目，去做一个没有太多经济收益的改造项目，这样的项目原本是不可能有机会找一个建筑师去做的——35 平方米的老房子的业主，不会想到花钱找专业人士去做改造。要做出这个选择，他才可能做出一个让人印象深刻的设计，并且被互联网看到。

每一次选择其实都需要一些冒险，是这些冒险带来了后来的运气。而这样的冒险，其实在青山周平之前的人生中也出现过。比如，尽管母亲反对，他还是选择去读建筑系；再比如，受到作家泽木耕太郎《深夜特急》[①] 的影响，他休学一年四处旅行，而不是按部就班地面试找工作。

这也是我认为的青山周平身上的迷人之处。阅读我们的谈话，你可以看到一个自认比较温和的人，却往往做出一些具有风险偏好的选择，这些选择都在或微妙或强烈地影响着他之后的人生路径。而在今天的中国，越来越多的年轻人倾向于做出更加平稳的选择，而不是做出一定的冒险。

当然，你也能看到一个在行动和观念上都很活跃的建筑师对于建筑的思考。其中有建筑大师的传承和影响，也有一个年轻建筑师对于建筑在当下应该如何回应社会与技术变化的思考。

---

① 日本作家泽木耕太郎记录自己年轻时在亚洲、欧洲等地旅行经历的书，曾经在日本畅销一时，并被改编成电视剧。

访谈

2022 年 3 月 14 日与 4 月 6 日，北京，青山周平工作室。

综合体、建筑师和业主

（开始的闲谈，我谈到自己 2 月底、3 月初一直待在上海和杭州。青山周平提到自己在杭州天目里有一个设计项目。）

李翔：杭州天目里是这几年非常有名的商业地产项目。

青山周平：对，我觉得还是做得挺好的。我不是商业策划的专家，我只能以一个消费者的角度看，建筑还是做得非常非常好的。好的意思是指总体施工的质量。

李翔：质量？

青山周平：材料，还有整体施工的控制。很少在中国的商业综合体里见到这个质量，很像国外比较精致的项目。包括对混凝土使用的控制、总体施工的控制。

李翔：从建筑师的角度来看，怎么样才叫好的大的综合体项目？

青山周平：这种项目很难。从建筑师的角度看，是有没有提出一些对商业综合体的新的理念，或者新的想法，这是概念的部分，是看不见的部分。然后是通过什么样的空间来表达，这是具体的造型，是看得见的部分。最后是一些细节和材料的控制，这是具体的方式。

这是三个不同级别的内容。第一是看不见的建筑师的理念和想法的部分，第二是看得见的通过什么样的方式来表达的部分，第三是具体的细节和材料的控制。

李翔：天目里这个项目在第一个层次的内容，也就是理念和想法上，打动你的是什么？

青山周平：第一还是它在中间做了一个那样的广场。我做了很多项目，也是希望探索，什么样的空间可以让人比较舒服地存在在我设计的空间里。在杭州那样的一个空间里，中庭突然变成一个大家都比较放松、可以休息、可以停留下来、可以做活动的一个户外空间，这是一个很好的大的逻辑。

李翔：做一个这样的项目需要什么条件？比如说要找到好的建筑师？

青山周平：我觉得第一个要有钱。（笑）伦佐·皮亚诺[①]是

---

① Renzo Piano，当今在世的最有名的建筑师之一，意大利人，1998 年获得有“建筑界诺贝尔奖”之称的普利兹克建筑奖，代表作包括法国蓬皮杜国家艺术文化中心、美国奥斯卡电影博物馆等。

世界顶级的建筑师，那个项目[1]是他在中国的第一个作品。虽然我不知道具体设计费是多少钱，但应该花了不少费用。同时从意大利那边请了很多混凝土的专家，听说是几百人，施工的过程中他们都住在那边，去控制混凝土的质量。所以它的造价比常规商业项目应该是多了一两倍。我们可以看出它的精致的感觉。所以我去看的时候，会觉得不太像之前在别的地方看到的作品。敢用这种设计师和施工队做他们想做的东西，我觉得这是第一。

第二，那个项目是江南布衣和另一个当地的设计公司一起合作的。江南布衣的总部在那儿，那个设计公司的总部也在那儿。这是给自己用的空间，不是做完给别人用的东西，所以他们对设计和项目管理，比常规的房地产开发项目花的钱和心思都多。

李翔： 像这样愿意用更多的钱和心思的业主，对建筑师而言是一个常见的事情吗？还是很偶然才会碰到？

青山周平： 天目里这样的业主吗？应该是很少见的。你需要自己做到一定程度，或者达到一定高度的时候，才会遇到这样的项目。我觉得对很多建筑师来说，拿到这种比较标志性的项目，是一个目标。

---

① 指杭州天目里项目。

李翔：对建筑师而言，什么样的业主算是好业主？如果我是一个业主，我不提任何要求，这是好业主吗？也不一定吧？按照你刚才讲的，天目里的业主自己对这个项目有很高的要求。

青山周平：这个有两个方面。很多时候，业主提很多要求的时候，项目会越来越不好。但有时候，好的业主的要求会把这个项目变得更有层次一点。

我觉得好的业主是，他比较清楚他想要做的东西。因为我知道他要的是什么，我们就可以一起做这个东西。有些业主是一直在犹豫的。可能最不好的情况就是一直在犹豫，同时也不太敢听建筑师的意见。一直在犹豫的业主，如果会听建筑师的意见，我可以引导他，我觉得这个地方应该做成什么样子。

李翔：有这样的业主吗？

青山周平：有，比如一些个人业主，觉得自己不太懂，找我做，是因为之前看过我的一些作品，觉得挺好。那就按照我觉得对的方式去做。

李翔：有可能他找到你是因为他喜欢你之前的某个项目？

青山周平：对。

李翔：但是会不会当你拿到这个业主的项目时，你又觉得不能重复自己，所以其实期待还是有落差的？

青山周平：对，这是有的。因为我在中国突然出名的原因是胡同改造项目，它是电视节目中的项目，所以很多平时不太关注建筑设计的人也看过，因此会有部分人对我的认知是做胡同改造的、是做小空间设计比较厉害的日本室内设计师、是做改造的设计师。这可能是一种认知。

另外一个认知是，可能有些人看过像苏州的老房子改造这样的作品，认为是偏日式的感觉，对他们来说，我是擅长做简约的、日式的改造的设计师。所以有些业主会找到我，想做日式的风格。但我其实不想做日式的东西，所以这个认知有点偏差。这两种认知都是有偏差的。

李翔：那怎么办呢？

青山周平：我会有一种这个业主是不是有一点误解了我的感觉。这个时候我会先跟他们说，我不会做这样的东西，我想做的大概是这样的。如果是一个项目的话，可能会找一些类似感觉的图片，先让他们看一下。如果没问题就开始做。

但是一般对专业的人来说，他们比较懂这个东西，所以不太会有这种误解。比如我们跟万科合作一个新的项目，我们不太会做这样前期沟通的东西。但是比如跟私人业主什么的，可能会先沟通一轮，否则如果业主想要的和我们想做的不一样，后面就会比较麻烦。

李翔：我有时候会好奇，比如像苹果园区那样的设计，乔布斯本身是个自我非常大的人，非常强硬，建筑师诺曼·福斯特也是一个大师，应该也是自我比较大的，这两个人会怎么沟通[①]？

青山周平：我觉得还是建筑师会听业主的。好的建筑师一般来说是比较灵活的，业主说的内容要求，他会按照自己的方式去消化，然后把它很好地融合在整体的空间当中。

更好的情况是，业主提出的看似矛盾的需求，最后变成一个亮点，或者变成一个比原来的方案更好的方案。这里还是有建筑师努力的部分，而不是说就要按照自己想做的一意孤行——当然这样的建筑师应该也是有的，但是我觉得大部分建筑师相对来说是灵活的。

因为建筑师比较本质的性格是想让别人舒服、让别人开心，这是建筑师特别本质的一个欲望。不是我要表达什么——当然建筑师自己的声音也有，但我最本质的欲望是让别人开心，或者让别人在我设计的空间里面感到舒服，有那种幸福的感觉。

我觉得很多建筑师有这样的性格，喜欢让别人开心，比较希望通过一些微妙的感觉，知道你在想什么或者需要什么。比

① 诺曼·福斯特（Norman Foster）是 1999 年普利兹克建筑奖得主，全世界最知名的建筑大师之一。他接受乔布斯的委托，为苹果公司总部设计了位于硅谷的办公园区。

如很简单的例子，夏天的时候，我们10点在这个地方开会，有些人会提前来，打开空调，就是有这样的感觉。但是有些人完全没有这样的感觉。我觉得这对建筑师还是重要的，我也希望我的同事们有这样的感觉。

李翔：你遇到的建筑师都是类似这样的吗，就是比较希望让别人开心？

青山周平：我觉得不是。我自己相对是这样的。如果把建筑师分成两类的话，我相对是这样一个人。不是说我的东西有我自己强烈的欲望、野心，或者想做的东西一定要按照我的方式去做，不是这样。可能我更多的是希望通过我的东西影响社会，让社会中的人更好，是这样的一个感觉。

李翔：是你自己本身性格里面就有这种因素，还是做这个行业之后会激发出这种性格因素？

青山周平：应该是自己性格里的因素——当然这是我自己的定义，我觉得我还是对别人的状态比较敏感的。其实日本的文化里面也有这样的东西。日本的文化就是大家都不说话，不会直接表达他的感受或者他在想什么，但他知道你在想什么。日语中有一个专门的词，指的就是不用语言来表达自己的心理感受。

本来我自己就有这样的感觉。之前我也说过，我的母亲是做自闭症小孩的教育的，早期在有自闭症小孩的学校里做老师，后来去大学讲课，内容就是关于自闭症小孩应该怎么训练、怎么得以发展，类似这样。现在她已经退休了，自己在做一个空间，自闭症的人可以来这里工作，赚一点生活的钱。她一直在做跟自闭症有关的事。这是一个社会中没有被特别注意到的群体。

我从小一直看到这种场景，我觉得自己对社会中一般不太被注意的弱势群体的存在，是相对比较敏感的。比如我们一直在做年轻人共同生活的空间。所以可能还是一直有这样的态度，就是希望找到一些现在社会当中不是特别主流的，或者没有被看到的，但是我觉得很重要的东西。

父亲的影响

李翔：建筑师在日本是特别受尊敬的职业吗？

青山周平：我觉得现在已经不是了。在日本的建筑师业界里——中国建筑师业界里也一直有这样的吐槽，就是建筑师的地位不是很高。当然中国这几年对建筑师的需求越来越多，我觉得现在对中国的建筑师来说是很好的一段时间。而日本现在已经不同。

举一个简单的例子。我是 1998 年上的大学，2003 年上研究生，那段时间大学里的建筑学是理工科里面最难考的，有点像清华大学的建筑学院。我不知道是不是最高分，反正它一直在最上面，说明有更多的人想去做建筑。但是现在已经不是了。这是比较明显的一个变化。

社会觉得建筑师要做的工作在减少，尤其在日本那样一个地方，因为社会对建筑师的认知还是新建房子，但这种新建房子的需求在日本肯定是明显下降的，所以从整个社会来说，建筑师的需求是在下降的。

同时在这种社会环境当中，建筑师的角色在变化，他们要做的事情，包括他们平时的思维方式也在变化。所以现在的大学老师会说，最近建筑系学生的性格，和过去建筑系学生的性格是很不一样的。过去的时候还是有点野心，想要成为一个建筑大师，现在很少有这样的了。

李翔：不过在你考大学的时候，建筑师在日本还是很受欢迎的，是吗？

青山周平：我感觉是最后一段时间吧，有点像两个时代中间的感觉。

李翔：你为什么会决定去做建筑师？你从什么时候开始有这个想法的？

青山周平：应该是高中的时候。因为我父亲也是建筑师，但不是那种特别成功的建筑师。他就是在家里工作的一个人，做身边的朋友、熟人的小的项目。就是一个人，做小小的东西。他工作的地方在家里的角落。我回家时一定要路过他工作的区域，才可以到家里的生活区域。因为那时候他都是用画板画图，所以那些图纸啊，模型啊，他的书啊，都在我的生活区里面。于是我慢慢开始看这些杂志和书，觉得书里面的房子、建筑很好看。主要是这个原因，慢慢对建筑感兴趣了。

李翔：你说他不是那种“成功”的建筑师，当时认为什么样的建筑师才是成功的？

青山周平：每个人对成功的定义是不一样的，所以我也很难说。我刚刚讲的意思是比较简单的定义，比如在一个著名的公司工作，或者自己开一个公司，有一定的规模。但他的状态对我来说是比较好的，因为他的工作、他所有的东西都在家里，我平时可以看到。

李翔：他自己高兴吗，当时？

青山周平：我觉得他应该还行。到了那个年龄，他应该已经没有那种想做一个大师，或者变成一个出名的建筑师那样的欲望，就是有些朋友有时候有些小项目，所以也是没有怎么赚钱的。一般日本的家庭都是父亲在外面工作，妈妈在家，或者妈妈做一些简单的工作补充开销。但我家基本是妈妈在外面工作赚钱，父亲不怎么赚钱的状态。可能他自己也觉得没有那么成功。我觉得可能是有的。当然我们没有直接聊过这个问题。

李翔：你的父母鼓励你做建筑师吗，在你表达这个意向之后？

青山周平：首先父亲是高兴的，自己的儿子也想做这件事，他内心是开心的。但他在我的家庭里面没有太多的决定权，因为没有赚钱。（笑）我母亲，我跟她说我高考选建筑师，她是反对的。因为她一直有看到父亲的状态，而且她对未来日本社会的判断，也就是建筑师不会有太多项目，这也是比较客观的。

李翔：后来发现是准确的，是吗？

青山周平：是准确的，因为人口肯定是越来越少。所以她不太希望我学建筑。反对，但是也没有非常严重。我说想去做，也没有特别激烈地讨论。虽然她反对了，但最后还是我想做什么她肯定支持。

李翔：当你跟父亲交流的时候，他会怎么跟你描述建筑师这个职业？

青山周平：专业上的事情没有太多的交流，因为他是话不多的人。他偶尔也带我去一些他设计的空间、他设计的房子。他的设计本身没有什么特别的新意，就是很普通的一些房子。但是我会看到那些业主他都认识，他们也很欢迎我们。他会跟业主说这是我的儿子。这样的感觉，还是有一点印象的。

（青山陷入沉默，然后站起来去倒咖啡，擦眼角的泪。）

我父亲最近身体不太好，所以聊这个话题我容易有一些情绪。

李翔：理解。他应该挺为你高兴的，看到你的工作、你的作品。

青山周平：过去几年他生病了，所以一直没有太多的工作什么的。我最近一直没有回去，所以对他们有不好意思的感觉。父亲的话题对我来说就是一个敏感的点。

李翔：理解。就是因为疫情，所以没有回去吗？

青山周平：对。

休学旅行

李翔：我看到你大三的时候休学，全世界去旅行。在你读书的时候，在日本年轻人里面，这算是常见的行为吗？

青山周平：那时候还是比较流行的，背包到全世界的一些国家去旅行。你听说过《深夜特急》吗？

李翔：我知道。

青山周平：这是一个作家的游记。他年轻的时候就背包去亚洲各种各样的地方，这本书就写他旅行的整个过程，那段时间很流行，也拍成了电视剧。所以整个社会里面是有这样的氛围，包括有些摄影师也背包去亚洲的一些街道。那时候，不是所有人，但还是相对比较多的人看到了这些东西。我也看到了，很喜欢。这是影响我的。同时我知道，安藤忠雄也是年轻的时候坐火车去欧洲看一些建筑[①]。

那段时间确实有很多背包客，但要说很多人，也不是很多

① 安藤忠雄是日本知名建筑师，1995 年普利兹克建筑奖得主。他曾经在年轻时到欧洲各个国家旅行。

很多，我的大学只有我一个。

李翔：同年级的？

青山周平：对，其他人没有那样的。当然比现在还是要流行，这可能是因为社会的情况。另外一个想法是，建筑师还是要多看一些东西。所以是社会氛围和建筑学两个原因让我去的。

李翔：当时你们班有多少同学？

青山周平：我那时候在大阪大学，建筑学是 40 个人左右。

李翔：40 个人，只有你一个人休学旅行？

青山周平：不仅仅是 40 个人，如果是做这样的事情，大学几千人，可能有一两个吧。

李翔：相当于还是比较出格的行为，是吗？

青山周平：对，一般没有这样的人。从社会氛围来说，这个东西是比较流行的。但休学一年，整个一年去旅行，这个当然是很少见的。

李翔：为什么在学校里面比较少见？是因为比较高的经济成本，还是其他原因？

青山周平：经济成本没有那么高，因为我去的地方大部分是比较便宜的地方，也很少搭乘飞机。

李翔：住的也是类似青年旅店的地方吧？

青山周平：比如在中国旅行时，住的是 30 块钱、35 块钱一个晚上的地方，总体来说比在日本生活一年会便宜一些。

李翔：还要便宜？

青山周平：对，所以不是因为经济成本高，更多是因为休学一年这件事。它是一条路线，入学一年级、二年级、三年级，开始写论文、毕业、找工作。

日本跟别的国家相比是更套路化的一个社会，有特别明确的时间规划。想去大公司，你一定要在大学三年级左右的时候，就开始参与整个招聘的时间段，开始走这个流程，错过这个时间段，可能你就找不到工作了。等进了一个公司，总共 30 年、35 年，都在这个公司里面工作。

现在当然是在变化，但还是留在日本社会这个大的系统中。一般很少人会选择跳出这个系统，因为跳出去后就回不去了。

李翔：你决定休学的时候，你的老师，包括父母，不会提什么建议吗？

青山周平：老师一般是比较喜欢这样的学生的，老师没有反对。父母主要还是担心，因为一年内去的还是有比较危险的地方。那时候是 2001 年，不像现在有智能手机，有 iPad，有

4G 信号，哪怕在印度的一条街道上也可以马上发信息给家人。所以家人基本上不可能知道我在哪里、去了哪儿，想联系我也联系不到。这种情况他们还是比较担心的。

李翔：2001 年也是 9·11 恐怖袭击发生的那一年。

青山周平：对，9·11 的时候我在土耳其的一个小村子里面，看到他们卖家电的地方，电视上有好多 9·11 的画面。

李翔：当时你是什么心情?

青山周平：对我的旅行没有太多的影响。可能我每天的生活已经很忙了。而且那时候因为没有信号、没有网络，所以没有特别多地接触一些信息。

“对风险相对不敏感”

李翔：你有没有觉得有点神奇？一方面你会讲你是比较愿意让别人开心的一个人，一方面你当时选择的又是挺不一样的一条路径。

青山周平：这可能也是性格的一个方面，但不是故意的。

回过头来看，每个人生阶段我都会选择一些跟别人不一样的路，而且这些选择不是说因为我有那种很强烈的欲望，我一定要那样，不是这样的，可能就是某一个瞬间想要这样，然后就去做了。

比如大学三年级休学旅行是相对小众的选择，大学毕业之后换了一个学校去东京读书[①]也是，因为大部分的同学都是直接在同一所学校继续读研究生。从东京这个学校毕业之后来到中国，也是不一样的选择。到中国的几年之后，我开始在胡同里面生活，也跟大部分外国人在北京的住的选择有点不一样。

大学三年级，大家都会考虑去这个地方旅行有一些风险，

① 指青山周平选择到东京大学读硕士研究生。

那就会放弃。换学校是要考试的，东京的学校很多人报名，成功率特别特别低，如果不成功，你就没有地方去读书，其实也是很大的一个风险，但我也没有想太多。反正就是对这些风险的事情，我相对不敏感一些。

李翔：那蛮神奇的。

青山周平：做建筑也是这样，因为做建筑也是有很多风险的。比如说我要做这个项目，需要在这个时间内做完，比如说现在做不做某一个项目，比如明天要汇报设计方案，现在还要改，改完之后要怎么样，有很多类似的判断。

如果你是对风险特别敏感的人，很多时候就很难做一个比较大方的决定。做各种判断的时候，是需要接受一些风险的。所以我性格里也有这样的一面。

李翔：休学旅行这件事情会对一个人产生很大的影响吗？你会建议现在的小孩休学旅行吗？

青山周平：我还是建议的。但是我觉得现在已经回不到过去那种状态了，因为现在任何的信息都很方便，可以规划明天去哪里，坐什么公交车，几点走，需要多少钱，明天要去的地方是开门的还是关门的，去完之后再用什么交通工具，去哪里，多少钱。所有的事情都可以被很好地规划。

那时候所有的事情都是没有办法规划的，所以到了一个城市，我也不知道去哪儿，可能就是有些之前的旅行攻略书，但是书上的信息对不对也不知道。那种状态是很宝贵的，现在的社会当中已经没有了，除非你自己故意要去找。

李翔：它会对你有影响吗，事后去看的话？

青山周平：那时候的旅行，首先还是让我有一种“我看过”的感觉。后来的很多事情跟我在那个时间段接触过的东西会有一些联系。比如说我去了佛教、伊斯兰教和基督教这几个比较主要的宗教诞生和发展的地点。佛教诞生的地方在尼泊尔一个很小的村子里面，伊斯兰教或基督教发展的地方是沙漠地区，自然环境的感受是完全不一样的。所以我对伊斯兰教和佛教的理解，会有这样的自然环境的影响。

包括现在看各种各样的国际新闻，也还是有一点直接的身体感，而不是说只是一个文字，或者只是一个视频。有这种我去看过的感觉。比如以色列和中东一些国家的矛盾，我在以色列住过几天，那时候也有一些恐怖袭击，国家和国家的边界要经过时紧张的状态，包括巴基斯坦和印度边界的状态，都有一种氛围。这是一个基础吧，是我理解所有事情的一个基础。

李翔：比如像几大宗教的诞生地和重要场所，是你规划好的吗？

青山周平：也不是，还是没有办法规划的，整个一年我都没有规划应该怎么走。但是这个路线其实是不能随便走的，它能走的路没有太多。从中国一直走的话，一个选择是从尼泊尔往下走，到印度直接往西，到土耳其，这是一条路。或者有些人是经过中亚去土耳其。反正最后是要到土耳其。到土耳其之后，有些人是往上走，往欧洲那边走，有些人往下走，就是向中东走。只能是这两条路。

我是选择往下面走。一直走，然后到了埃及。到了埃及就不能走了，下面的路都是比较危险的，那我就飞到摩洛哥。到了摩洛哥也只能一直向欧洲走。所以其实是没有太多的路。

李翔：也就是说它的确定感比大家认为的要强很多？

青山周平：强很多，没有太多的选择。

李翔：所以当时你的旅行并没有那么强的功利性和目的性，就是说我一定要看什么？

青山周平：对。

西方和东方的建筑

李翔：之前我看安藤忠雄的访谈，他讲自己年轻时旅行的目的，说他想去看柯布西耶[①]的建筑。我其实很好奇，这是事后解释，还是就是会有人有这么强的规划性和目的性？

青山周平：因为我是一年时间的旅行，我不知道他是多长时间。时间也是个重要的因素，如果时间是有限制的，肯定需要比较有目的性。我是有一年时间可以随便走，到了一个城市，就稍微规划一下去看的地方。

当然到了欧洲还是有目的性的。因为亚洲没有那样的所谓大师的作品，更多的是希望看一些当地人生活的地方。到了欧洲，每个城市都有一些著名的建筑、著名的作品，这些还是都去看的，所以状态不太一样。

李翔：为什么亚洲比较少有大家认为的大师的作品？是因为建筑大师本身就是西方现代的概念吗？

---

① 勒·柯布西耶（Le Corbusier），法国建筑师，20世纪最伟大的建筑师之一，现代主义建筑旗手，代表作有朗香教堂、马赛公寓等。

青山周平：也有过去的建筑，建筑其实是有很久的历史。著名的建筑不仅仅包括现代建筑，还有之前的，比如欧洲的那些教堂。我们想去看的那些老的东西，也都是在欧洲。

李翔：像日本奈良的寺庙，包括中国也有很多寺庙建筑，梁思成去拍照和记录的那些，这些建筑对于建筑师而言，意味着什么样的价值？单从职业角度来讲，不从其他的历史啊，艺术造诣啊这些角度。

青山周平：对我们来说，应该是跟西方老的教堂存在的价值是一样的。比如对日本建筑师来说，日本那些传统建筑和西方那些传统建筑的价值是同样的。但是因为建筑学本身是一个西方的学习系统，从古希腊开始到现在，都是西方的东西，所以整个建筑学里面没有这些日本老建筑的存在。

有些西方的建筑师来到日本，也会去看一些日本的传统建筑，比如日本有个著名的建筑叫桂离宫①。因为日本传统建筑跟20世纪初开始的现代主义建筑还是有一些共同点的。

西方建筑过去都是用石头做的，石头的材质是比较重的，所以窗户只能做这种细条的窗户，不能做很大。因为它是石头做的，所以它是这样一个形态。那个时候②出现混凝土这个新

---

① 位于京都的江户时代建筑群，其建筑和园林被认为代表了日本古建筑的简约、和谐风格。

② 指20世纪初。

的结构形式，就可以做出一个很通彻的、柱子比较细的空间。这是现代建筑开始时比较大的改变。

他们来到桂离宫的时候，看到日本的很多建筑柱子很细，空间用纸的推拉门隔开，空间可以直接延伸到外面的庭院，通透开放。而这样的空间是现代主义建筑的一个特点。后来一部分日本的建筑师在国际上比较活跃的原因，也是这个点。就是说，日本传统的那些空间感对欧洲人来说，是可以定位在现代主义建筑的价值观里面的。

李翔：因此是他们可以理解和接受的。

青山周平：对，比较有代表性的是妹岛[①]。妹岛的建筑柱子很细、空间很通透，特别日本，但同时也是特别现代主义建筑的一个路线。所以西方的建筑历史学家或者评论家，可以用他们的语言在建筑历史中定位这个东西。

---

① 指日本建筑师妹岛和世，她于2010年与合伙人西泽立卫共同获得了普利兹克建筑奖。

到东京大学读硕士

李翔：你刚才讲，换一个大学读硕士研究生，在当时也是一个冒险的举动，是吗？

青山周平：嗯。

李翔：为什么呢？在中国换学校读研究生是比较常见的。

青山周平：主要是要考试。

李翔：本校就不用考吗？

青山周平：本校也要考，但是本校的成功率会高很多，基本上不做错什么，就可以去的。去另外一个学校的话，成功率会很低。

李翔：大学和研究生这种学院里面接受的教育，对之后做一个建筑师有什么实质性的影响和帮助吗？

青山周平：很大。日本的建筑学里很明显的特征就是有一个“派”的传统，老师有他的一些学生，这些学生再有一些学生，类似这样的感觉。

李翔：理解。

青山周平：一个派，比如说我的老师的老师的老师是丹下健三[①]。

很多日本的建筑师都可以溯源到几个派。我在北京为他工作过的那个日本建筑师，是另外一个派。派本身我觉得是不重要的，但派的思维方式和风格还是会有一点影响。

我的老师是从丹下健三一直下来的系统。现代建筑里面有城市专业和建筑专业，它们的关系虽然不是对立的，但反正是不一样的。丹下是城市专业的老师，这个系统比较从城市的角度来考虑建筑，会从大的方面考虑。所以丹下做了很多城市规划，比较有代表性的是整个东京的新规划。有点像当时梁思成对北京做的规划，把整个未来北京的格局用建筑师的方式提出来。丹下在 20 世纪 60 年代也做了这样一个东京的规划。

这个派的建筑师会把城市的视角和建筑的视角结合在一起。我的老师也是这样的风格，他叫大野秀敏[②]，也是日本现在一个著名的建筑师。大野秀敏的老师叫桢文彦[③]。你去过日本的

---

① 日本建筑大师，1987 年获得普利兹克建筑奖。他是亚洲第一位获此大奖的建筑师。包括桢文彦、矶崎新、黑川纪章等日本建筑大师都深受他的影响，或者师从于他。代表作包括 1964 年东京奥运会主会场代代木体育馆等。

② 东京大学教授，年轻时曾在桢文彦的建筑师事务所工作。

③ 日本现代主义建筑大师，1993 年普利兹克建筑奖得主，代表作包括代官山集合住宅街区、京都国立近代美术馆等。

代官山吗?

李翔：去过。

青山周平：那一带有很多白色的房子，城市、街道和建筑非常好地融合在了一起，是日本街区规划里最著名的一个项目。这是桢文彦的作品。城市和建筑融合，就要求从城市的角度去考虑建筑。我的老师也是类似这种风格，会从社会和城市的角度考虑建筑。所以这个风格是一脉相承的。

他出版过一本书，是我们读研究生时他比较感兴趣的课题，他称之为“缩小的日本”，意思是人口越来越少的日本。他的概念是，怎么样在人口规模缩小的时候做一个城市规划，或者做一些城市空间的设计。丹下健三在20世纪60年代做的是扩大的城市，把东京扩大到东京湾，把东京周边作为一个新的城市的部分，因为那个时代东京越来越大。丹下是在扩大的时代做一个新城市的样子，我的老师希望在缩小的时代做一个类似的事情。

李翔：其实是不同时代的建筑师对时代的变化做出他的回应。

青山周平：嗯。

环境和建筑的关系

李翔：我看到有一个访谈里面你讲到，你在读硕士的时候受到一名导师的影响很深，就是大野秀敏？

青山周平：是。

李翔：这种影响就是从城市的角度看建筑吗？

青山周平：我觉得建筑还会是未来城市重要的存在。我做建筑的主要目的是把城市变得更好。我希望我的建筑跟城市，或者周围的环境，有比较密切的关系，这是第一个点。第二个点是，他对社会的变化特别敏感，比如社会的人口规模缩小，这是整个社会的变化。从这些社会背景的变化出发，去结合他的创造，而不是说他有一个自己想要创造的欲望。他是分析现在社会的状态和数据，等等，然后决定做这个设计。这对我的思维方式还是有影响的。

李翔：那其实就需要对整个社会学，包括城市的大的变化，包括人口，有很多的关注在里面。

青山周平：对，当然我的研究没有那么深。我觉得还是要有自己的理解，这些理解不一定是非常学术的，因为我们做的还是创造，所以它不是学术上面的绝对的准确，不一定是。可能是我按照我的方式去理解社会现象，这个社会现象通过我的思考变成一个创造的种子，变成跟别人不一样的东西。

李翔：应该也有一些建筑师，建筑风格本身就跟环境比较对抗吧？

青山周平：对抗的意思是？

李翔：就是不融洽，甚至要挑战。

青山周平：一般来说，建筑学里面是不太认可这个方向的。比如扎哈[①]的作品，看起来跟周围的环境完全不一样，但是解释的时候她不会说这个的。她会说这个城市跟这个建筑的一些联系，是因为这个城市所以才这样设计，她一定会这样说的。

比如说，哪怕银河 SOHO 看起来跟周围的环境没有任何关系，但是她一定会解释周围的环境和她的创意的联系。建筑学里面，比较普遍会认为建筑和环境有对抗不是特别好的事情。

---

① 指扎哈·哈迪德（Zaha Hadid），伊拉克裔英国建筑师，2004 年普利兹克建筑奖得主，以大胆的建筑风格著称，在中国也有很多作品，包括北京大兴国际机场、银河 SOHO、广州歌剧院等。

李翔：我之前读过一个扎哈的访谈，印象非常深刻。记者问她，你的建筑怎么才能跟环境保持一致、保持和谐？她回答说，如果你的周围一团糟糕，你也要跟它和谐吗？

青山周平：这是另外一个层面的回答，其实也是考虑周围的环境。

李翔：我当时印象非常深刻。

青山周平：在中国也有人说过类似的话。比如在中国有些街区的场地、周围的环境，有可能 5 年后都变了，那你的创造就不能按照现在周围的环境去做，类似这样的话。

李翔：对，所以要超前一点去考虑，是吗？

青山周平：嗯。

李翔：你在中国看过建筑跟它所在的环境或者城市，很融合、很和谐的例子吗？

青山周平：我比较喜欢的现在的中国建筑师的作品，是成都的刘家琨的作品。刘家琨之前是小说作家，43 岁开始做建筑师，是比较不一样的一个人。他的这个作品在成都稍微偏一点的地方，但还是在市区里，叫西村大院。这个作品你一看就知道，不太像一个完整的建筑，有点像是城市一样的东西，结合了一些比较随意的行为。

一般建筑师希望控制所有的东西，不允许在他的建筑中发生他想象不到的那些事情，但西村大院这个建筑是特别开放的，允许任何人在任何地方发生各种各样的事情。有点像直接把成都街道放在这个建筑里面的感觉。我觉得特别中国。首先是那种很大的规模，这种规模的建筑没有办法在日本做。其次是那种“粗糙”——我说的“粗糙”不是贬义，特别精致的东西是有些排斥别人的，因为它特别完整，特别完整的东西是不让人参与的。

李翔：是封闭的。

青山周平：对。但是“粗糙”的东西是让人进来参与的，是这种意思的“粗糙”。那是我很喜欢的建筑。但可能也不是建筑，已经超过了建筑。

李翔：有点像一个社区？

青山周平：是社区的环境。

李翔：我印象非常深刻，2008 年前后在北京，有很多人批评，都是大师做的建筑，包括 CCTV 大楼、国家大剧院，认为它们跟环境是不融合的。

青山周平：对。国家大剧院可以说看起来是很不融合的一个建筑，但建筑师[①] 应该有自己的一个考虑。

这些标志性的建筑，与传统建筑的判断逻辑有一点不一样，因为它们是一个国家象征性的建筑物。比如 CCTV 大楼是

① 指国家大剧院的设计者，法国建筑师保罗·安德鲁。除了中国国家大剧院，保罗·安德鲁的代表作还包括法国巴黎戴高乐国际机场。

2008 年奥运会时修建的，鸟巢当然也是，它们是需要电视传播的、视觉上的象征角色。担当这个角色的任务，比服务当地城市环境的任务要大一些。这种任务是不在传统建筑学的评价标准里面的。

包括超大商场也是。超大商场的外立面设计和建筑里面的设计已经是隔离的了。传统的建筑设计会强调室内功能和室外外观在逻辑上要有一致性。但是超大商场的外立面设计会更加考虑外观看起来怎样，是否能够吸引到足够多的注意力，它的外观跟室内的功能在逻辑上可能是脱离的。从这个意义上讲，这种超大商场其实是一种新的建筑物种。

所以现在很多新的建筑都是与传统建筑的评价标准不一样的。包括小红书、抖音，新的传播形式的出现，也是在不断挑战传统建筑的评价标准。

李翔：建筑师可以理解这些变化吗？

青山周平：我觉得反抗也没有用，这是一个新的社会给你的挑战。一方面要理解这个东西，另一方面建筑的核心价值还是不变的。或者说它的价值会有些调整，但可能我作为建筑师还是关注这个核心价值的部分。我们做项目的时候也会配合一些新的传播形式，比如说大家比较喜欢拍照的角落，这种东西有时候要加进去。

李翔：就是要考虑在设计方案里面。

青山周平：对，不是说所有的，但还是会考虑。

李翔：假如你拿到一个超大型的项目，无论是大型购物中心还是公共建筑，就像你刚才讲的，业主对它可能有其他功能的要求，比如社会功能啊，传播时吸引人啊这些功能，你会怎么看待这些要求？这些功能要求可能单纯从建筑的标准来讲是没有那么合理的，也是矛盾的。

青山周平：我理解你的意思是，业主的各种要求会有些互相矛盾。但建筑师比较重要的一个工作，就是把各种矛盾的东西整理好，通过一个方案解决各种各样的问题、协调各方的矛盾之后，找到最合适的平衡点。

因为做建筑面对的很多条件都是矛盾的，成本啊，规划啊，甲方的需求啊，政府的需求啊，所以要找到这个平衡点。

美国有部很老的电影叫《十二怒汉》，十二个人一起讨论一个案件，里面的一个男主角是建筑师，他通过自己比较冷静的分析，协调其他的人，最后推动整体案件节奏的发展。同时，他也不只是理性。他也能够通过感性的部分，慢慢去影响其他十一个人的感情，去引导大家的方向。这个感觉确实有一点像建筑师。建筑师不能只是用理性客观的逻辑去分析事情，还要能够用感性的一面去感动业主，去调动施工队和供应商。所以这个电影也让我更理解了建筑师身上的理性和感性两个方面。

不同学校、不同风格

李翔：你在东京大学读硕士期间，也去过巴黎和比利时做交换生。你在欧洲接受的建筑教育，跟在日本接受的建筑教育有什么不一样吗？

青山周平：很难说是欧洲和日本的区别。每个国家首先有区别，国家里面的学校也有自己的一些风格。我去的两个学校都有很明显的特点。比利时的学校有一点欧洲或者说荷兰的比较典型的特点。比利时是法语和荷兰语一半一半，我们的学校属于讲荷兰语的学校。荷兰的建筑学风格是有一点城市规划风格的，因为它是个一直在自己制造国土的国家，它的国土是填海来的，所以它的建筑文化就是国土规划的文化、城市规划的文化，它对城市研究、城市规划方面还是比较敏感的。

李翔：那不是跟丹下健三派的风格有一点像吗，会从宏观视角来看建筑？

青山周平：有一点像。法国的那个学校就完全是艺术学校的感觉，而且也有艺术家做各种各样的尝试。所以还是很不一样的。

李翔：艺术学校就是更自我，可以这么理解吗？

青山周平：不一定是在做很精确定义的建筑的感觉。建筑系的学生不一定要做房子，有些人在做船，有些人在做表演，类似这样的感觉。

李翔：你后来在清华大学读过博士，也在大学里面教建筑。中国高校里面的建筑教育，跟你在日本接受的建筑教育，是有区别的吗，整个风格方面？

青山周平：风格还是不一样的。日本的学校，尤其是设计课，不太会教一些特别实际的东西。当然中国的学校也不一样，清华、同济不一样，我之前一段时间任教的北方工业大学也不一样。但是整体来说，日本更概念一些。包括他们现在教的内容是根据现在的社会需求来的。比如日本现在已经不太会让学生思考新的美术馆是什么样子的，因为现在新的美术馆不太会在日本出现。所以在日本给学生做的课题和现在在中国给学生做的课题，是完全不一样的。在细节的方面，日本的学生比较常做模型，这是日本的一个传统，通过做模型来做设计。中国学生比较擅长用电脑 3D 软件来做设计。

李翔：你的硕士论文写的是什么？

青山周平：其实也是城市研究。日本的城市有一个边界线，比如这是东京的话，它有一个可以开发的范围，这个范围外面是不能开发的。所以相当于线的里面是可以正常建房子的范围，外面是不能正常建房子的范围。

我的论文就调研了整个东京附近类似这样的边界。我那时候就对这种边界比较感兴趣，发现在这些地方有很多非常规的临时建筑出现，就好像是边界内城市的扩大。

边界内的地方有很多房子，边界外是没有房子的，但会有些杂乱的、小的临时建筑出现，为边界内的城市服务，因为边界内的城市会有一些没有办法自己完成的服务。我调研的是这些东西。

因为边界内的地方是常规的城市，所以会有电过来，有给排水过来，有公交车过来，警察也提供服务。但边界外的地方，需要自己想办法拥有这些东西，水电，还有安全，是要自己来保证的。所以它的建筑会出现一些自己的系统，跟城市的公共设施系统稍微分离的、独立的系统。我那时候对这个东西比较感兴趣，就在整个东京周围调研。

李翔：是不是有点类似于中国人讲的城乡接合部，就是城市和乡村交会的地方?

青山周平：对，是的。这个现象之前是没有人专门研究的。我调研之后，发现这些地方都有类似的现象。它不是常规的、传统的城市规划思维的产物。这个东西是非常规的，有点地下的感觉，但它实际上服务于边界内的城市，边界内的城市没有这些东西的话，也是很难存在的，是这样一个有意思的关系。

李翔：这些边缘的临时的建筑群给城市提供的服务是什么？

青山周平：比如说酒吧。因为在日本有住宅的地方是不能随便开店的，但在这个地方，可以用集装箱那样简单的方式做一个酒吧或吃饭的地方。有时候是施工的公司，还有垃圾回收站。

李翔：就是在主体的城市里面没有办法或者不方便完成的功能，就在这个地方完成？

青山周平：对。

李翔：你是从建筑的角度，还是从城市的角度来做这个研究的？

青山周平：更多的是城市的角度。我那时候对这样一个边界里面和外面的关系比较感兴趣。里面是正规的，外面是不正规的，但实际上它们有一个互相依赖的关系。

李翔：这篇论文获得了最佳硕士论文奖，这意味着什么？

青山周平：不是整个学校的，是在我们的学科里面。每个学科都评选优秀论文，我的论文就获得了这个奖。

李翔：这是很难的事情吗？

青山周平：也可以说很难，反正就一个人。应该是几百个人中一个人。但其实没有必要特别强调或者太多说这个事情。

毕业之后的路径选择

李翔：2005 年毕业之后，对于建筑系的学生而言，应该有一种路径，是到比较有名的建筑师工作室里面工作，是吗？

青山周平：东大那一年专门学建筑设计的毕业生应该是不到 20 个人，比较多的确实是去一些著名的建筑师工作室。一部分人会去个人的事务所，比如隈研吾[①]啊，安藤忠雄啊这些著名建筑师的事务所；还有一部分人会去设计院工作，比较大型的设计院，这种是比较常见的；还有一些人是去国外的事务所，这是比较少的。

李翔：你当时选择的逻辑是什么？为什么没有选择比较常见的路径？

青山周平：当年我也想过。首先我没有想去设计院工作，因为我觉得对我来说不是特别合适，所以这个部分就排除了。我要去的话，就是一些建筑师事务所，考虑了日本的，比利时

① 日本最知名的建筑师之一，在中国的作品包括北京三里屯的精品酒店瑜舍等。

那边的也考虑了一下，但后来也没有决定。有一天我朋友认识的一个人在北京这边的事务所工作，他们着急找一些实习生，做比较着急的项目，突然听到这个信息，我就想来看看。

李翔：这么随机？

青山周平：对，很随机的。所以我的判断每次都很随机，没有特别去考虑太多。

李翔：到设计院工作和到一些有名的建筑师事务所工作，会决定之后的路径，是吗？

青山周平：一定程度上会决定。个人建筑师事务所，除了个别的之外，劳动条件还是很差的，工资啊，劳动时间啊，都很差。如果去设计院的话，比日本的常规工资标准会好一点，所以可以过上中产阶层的生活。但设计院的工作是以比较大型的商业项目和大型的公共建筑为主，十几万平方米、二十万平方米的项目，可能在其中你只是负责很小一部分。

李翔：相当于很多环节中的一个环节。

青山周平：一个环节或者一个部分。你也不知道这个项目的设计费多少钱，怎么签约的，你知道的事情只是整个建筑项目的一部分而已。但如果你去小事务所，你从一开始到最后都是要负责的。比如我们的事务所也是小型事务所，从前期跟甲方讨论设计费、签订合同开始，这些东西都是建筑师要做的。

出现问题时，比如我们之前工作的建筑师事务所跟有些甲方有矛盾，要钱，会需要去法院，那相应的建筑师也要去法院参加这个谈判。所以整个流程都可以参与。这还是不一样的。

李翔：所以如果去个人建筑师事务所，之后就更有可能自己做事务所。

青山周平：类似这样。我知道自己将来要做自己的事务所，所以就没有考虑去大的设计院。当然设计院里面也有些人后来出来创业了，但还是小部分。

李翔：为什么到个人事务所工作条件会差一点呢？

青山周平：因为它的项目的逻辑相对还是会商业性少一点，包括它接的项目的性质、规模，所以会差一些。人手也比较少，所以工作时间什么的会长。现在整个日本对工作环境的改善是比较重视的，所以最近越来越好，但过去是很难的。

在个人事务所工作，一个月在东京四五千块钱、五六千块钱，是很常见的，根本没有办法生活。所以之前行业里也经常说，如果你想做好的建筑师，前提条件是你家里要有钱。

李翔：是吗？

青山周平：这样才可以不用管这些生活上的问题。当然这也是一个笑话。

李翔：有家里很有钱的人，后来成为著名建筑师的吗？也不多吧？

青山周平：还是有很多的。

李翔：我之前看过一个安藤忠雄的访谈，他也会不断抱怨，在安藤忠雄事务所的年轻人都想着之后去大公司工作。这是常见的现象吗，在这个行业里面？

青山周平：我觉得大部分人会选择比较安全的路，安全的路就是去大公司。自己做的还是一小部分人。比如在大阪大学，我的同班同学是 40 个人，现在做个人事务所的应该就我一个，其他的人都在各种公司工作。

李翔：看来是我对这个行业有误解，我一直认为就应该……

青山周平：都做自己的事务所，是吗？

李翔：对，因为这样才会有更多的好的创意出来，有很多建筑师工作室存在，大家互相竞争和激发。原来不是这样的？

青山周平：中国现在相对还是项目比较多，因此可以留下来做建筑设计行业的人还是比较多的。在日本学建筑之后，很多人不做建筑的，都去了别的行业。在中国的情况是，一部分会去甲方、去开发商，甲方也是经济条件比较好的，一部分去大的设计公司，少部分去个人的事务所。因为个人的事务所在中国还是经济回报最低的，在你年轻的时候。

李翔：当时你身边的同学还有其他人选择来中国吗？

青山周平：身边是没有的。我来了之后发现这边也有一些日本建筑师。

李翔：就是 2005 年的时候？

青山周平：对，2005 年。

李翔：大家怎么看你这个决定？包括你的同学、你的老师，还有家人。

青山周平：我觉得应该会认为是比较奇怪的选择，去中国做设计，那个时候还是比较少见的。你为什么这样？可能会有这样的感觉。那个时候比较常规的就是在日本去一个著名的事务所，或者去美国、欧洲著名的事务所，大家觉得这是正常的。

李翔：你怎么回答这个问题？你需要说服他们吗？

青山周平：我来的时候是实习生，实习生的身份没有太多要考虑的，就是几个月时间，去一个地方，他们安排机票、工作的地方、住的地方，就是去看一下，这样的感觉。

李翔：最后决定留下来是实习了几个月之后？

青山周平：对，半年后，那时候考虑得比较多，就是考虑要不要回去。

李翔：回日本？

青山周平：回日本。或者就留下来在这个地方做。那个时候还是考虑得比较多，也会跟在北京的一些前辈问一下。

李翔：当时你做这个决定需要考虑的因素包括什么？

青山周平：主要还是在中国做建筑是不是一个主流的部分。在日本的建筑学系统里面，到一个著名的事务所里面工作，这是一个主流的部分。中国的年轻人的事务所——我们当时的老板三十几岁，刚刚开始做自己的事务所，它不在主流的部分。当然有这样一个担心，因为我还是希望被业界认可的，所以去了不是主流的地方，还是有点担心的。

李翔：日本的业界跟中国的业界也不太一样，是吗？

青山周平：每个业界都是独立的。我没有特别在乎，但同时也是在乎的，我希望我做的作品还是被业界认可的。

李翔：你做出这个决定的最大的动力是什么？

青山周平：是在一段时间中接触到的中国的项目和业主的状态，我发现都是很年轻的。我们的业主那时候也是三十几岁，做一个大的项目。所有的人感觉都很年轻，渴望新的、没见过的东西。这个感觉跟欧洲可能不太一样。在欧洲很多都是老年人来决定事情的。日本也是一样。

所以那个时候，中国感觉上是我可以做事情的一个地方。虽然我自己也很年轻，但是我可以参与。有点像我们刚才说的粗糙和精致的感觉。精致的感觉就是很难参与，但粗糙的东西你可以找到一些空隙和一些角落，是你可以参与进去的。

李翔：就是非常粗糙，但是非常有活力。

青山周平：对。

李翔：你留在中国，就是留在了实习的建筑师事务所[①]？

青山周平：对，大概 7 年多。

李翔：它也是一个创业公司？

青山周平：对，类似我现在这样子的。它的创始人是另外一个派出来的一个建筑师[②]。

李翔：就是说不是丹下这个派系的？

青山周平：不是丹下的。最开始的时候他在日本的事务所工作，负责建外 SOHO 的项目，长期住在做项目的地方，跟 SOHO 中国一起工作。后来那个项目差不多的时候，他决定留下来在北京自己做。我去的就是他做的事务所。

---

① 指 SAKO 建筑设计工社。

② 指 SAKO 建筑设计工社的创始人迫庆一郎，2004 年他在北京创办了 SAKO。

李翔：你在半年之后决定加入的时候，他也会跟你谈他的想法，是吗？因为他可能希望你留下来。

青山周平：他肯定是希望我留下来。

李翔：他怎么说服你，或者怎么给你理由？

青山周平：没有，这个应该不是被他说服，还是自己想一想我要不要留下来。更多的是感受在他的公司里面的状态，每天工作，应该感觉到这个地方的状态。

李翔：当时你的工作内容是什么？

青山周平：日本事务所的特点是做一些小的室内设计，但是也做大的建筑设计。或者日本建筑师的性格是这样，对一些小的室内设计比较感兴趣，但也做一些大的城市规划的东西。所以那个事务所也是有很多不同类型的项目，有时候是一个很小的室内设计，有时候是一个大的项目设计。现在不太会给我们这样的个人建筑师事务所做大的综合体项目，但那时候还是有 10 万平方米、20 万平方米这样规模的商业综合体项目给过来。所以有不同类型的项目可以参与。

李翔：跟我们之前聊到的，比如在日本的个人建筑师事务所和设计院相比，它是第三种类型吗？还是更偏向个人事务所？

青山周平：它完全是个人建筑师事务所。我刚进来的时候大概有五六个人，最后变成二三十个人，跟现在我们这边[1]差不多。

李翔：所以就有机会去全流程地接触很多事情，是吗？

青山周平：对，是整个都要管的。

李翔：这7年多时间对你的影响是什么？

青山周平：我觉得很累，但这是年轻的时候，还是觉得自己应该百分之百努力。不是说具体的技巧或者具体的技术，是这种年轻的时候也百分之百努力过的状态，会给我一个很大的基础。不是那时候学到什么，我觉得没有什么具体的事情。包括那时候的老板给了我什么具体的影响吗？可能没有。但是他的那种工作的态度和努力的状态，可能会给我一个影响。比如我们一起去出差，飞机落地，他马上就打开电脑处理工作。而那时候我已经很累了。类似这样的事情。他就是类似这样的建筑师。不是说他的风格怎么样，其实我的风格和他很不一样。

李翔：他是什么风格？

青山周平：他的风格最近也在变化。他比较喜欢一些空间单元的复制，就是一个系统直接复制。

① 指青山周平自己的事务所。

李翔：有点类似于分形设计[①]？

青山周平：嗯。在那个时代，要快速完成很多项目的时候，这个风格或者这个设计的手法，其实是一个准确的判断。他找到一个系统，直接做一个复制，这样就可以生产一个空间。所以在那个时代也是被中国的速度和规模影响，找到了一个自己的风格。颜色图案也是一样的，也是一个可以直接复制的逻辑。但是到了我们这个年代，已经不是一个速度和规模的时代了，所以风格还是有变化的。

李翔：那段时间的工作，你享受那种比较辛苦的状态吗？

青山周平：很难说，当年我觉得最终还是自己的选择，不想的话可以不做这样的事情。是自己的选择。

李翔：你中间有动过念头要离开北京吗？

青山周平：也有，其实在建筑师事务所还是需要运气的。比如我们事务所现在 30 个人左右，有些人负责这个项目，有些人负责那个项目，这个项目不一定是你想要做的，是被老板安排的，或者正好这个时间段你有空，其实这也是运气。你被安排的项目是不是顺利完成，也是运气。所以我看到有些同事有很好的运气，负责大型的项目，很快就实现这个项目的落

① 一种设计技法，也被称为扩展对称或展开对称，指将一个图形进行有规律的重复。

地，那就很好。但是有些同事很多年只能实现小型的室内设计，也没有办法。当时我负责的大型项目都是中间结束了或者出了什么问题，所以那时候还是有点难吧。我那时候特别迫切希望从头开始一直到最后，做一个完整的、有一定规模的建筑项目。

李翔：你刚到北京时参与做的住宅小区北京像素，算是一个大的项目了吧？

青山周平：当然算是大的项目。但那个项目不是我主要负责的，对我来说不是从一开始到最后的感觉。

李翔：在建筑师事务所里面，比如这个项目就是你负责，那你个人的风格是可以表现在里面的吗？

青山周平：一般来说是可以的。有些建筑师事务所是，当有一个新的项目时，老板有一个想法，会画草图给建筑师，建筑师按照这个草图做。但是当时在 SAKO 那边，常规的做法是，大部分的时候是我和他①的一种竞争，看谁先找到一个好的创意。我那时候的状态是，每个项目都希望比他早一点提出他能接受的创意。如果我没有办法提出，他有一天就会给出一个他的想法，我要按照他的想法来做。

现在在 B.L.U.E. 这边也是，我有一个新的项目，会让他们

---

① 指青山周平在 SAKO 建筑设计工社工作时的老板迫庆一郎。

根据他们的想法做很多模型，把模型放在这个桌子上。看完之后，我会有一些感觉。

李翔：你是到中国之后才开始学中文的吗？

青山周平：是的。

李翔：这个过程痛苦吗？

青山周平：这个不痛苦，我也没有特别认真学。刚来的时候，周末有一些认识的人要学日语，我要学中文，就交换，星期天在星巴克做一个多小时的聊天。但只是一个聊天，其他的都是通过每天的生活慢慢累积的。

李翔：并没有刻意去读什么班？

青山周平：没有。所以我的发音有一些不够标准。有些系统学中文的日本人，发音真的是跟中国人一样的。这方面我是不行的，我更多的是在日常生活中学的。

从博士到创立自己的工作室

李翔：中间你选择到清华读博士的原因是什么？

青山周平：那是差不多要离开那家公司的时候。因为这 7 年中每天都在公司或者在工地画图，我觉得这属于建筑的实践部分，解决很实际的建房子的问题，或者是在完成项目中实际的操作，跟甲方开会、做方案、画图、选材料、确认材料、去工地管理，做的是建筑的特别实践的方面。但是建筑也有另一方面，理论和学术方面的事情。

7 年每天都做实践的部分，我觉得不能一直这样，就想回到理论的方面，去做理论的部分。当然最后的目的也不是做理论，还是要回到实践，但我觉得要有两个方面的基础，或者在两个方面都有一些时间段的分配吧。这是一个原因。

另一个原因是，这个事务所毕竟还是一个外国建筑师的事务所，所以它的圈子其实是一个外国建筑师的圈子，没有在一个中国建筑师的圈子里面。我可能接下来还是待在北京，所以我希望有一个这样的中国建筑师的圈子，我希望进入中国建筑学的环境里面。清华建筑系是比较靠近中心的位置，所以想去那个地方。

主要是这两个原因。

李翔：也就是说，2012 年的时候你已经下定决心之后要在北京了，是吗？不然的话你可以选择去其他国家、其他城市去读一个建筑博士。

青山周平：这么说的话，我到现在也没有下定决心一直在北京，我始终不是那样的性格，有一个坚定的目标。因为那时候在北京，所以选的清华。

李翔：当时应该也可以选择回东大？

青山周平：对，也可以选择，也考虑过，也查过，那段时间也看过回东大读博士的一些条件什么的。没有特别的原因，可能更多的是希望了解中国建筑学的东西。

李翔：你在清华读了两年博士，是吗？

青山周平：差不多，中间放弃了，认真去了两年，后面几年没有去。

李翔：它有实现你开始时设想的目的吗？

青山周平：我觉得实现了一部分吧。因为我最后没有写博士论文，中间放弃了，所以不可能像已经拿到博士学位的同学那样。但是那个时间段回到学校，认识一些老师，听一些课，理解中国学校的大概的感觉，也参与一些国际教育的东西，包括那个时间段认识的一些人，我觉得还是让我有收获的。其实中国也是有派的，中国更多是学校的派，日本是老师的派。所以我现在做有些项目时会碰到一些人，然后大家会说“你也是清华的”，经常有这样的场景。

李翔：你中间放弃的原因是自己要做事务所吗？

青山周平：对，主要是这个原因。因为我最终的目的不是做一个老师，博士学位对我来说不是必须有的。当然如果拿到是比较好的，但是我比较懒，所以没有继续做。（笑）

李翔：那个很难吗？

青山周平：应该不难，因为我有两个好的条件，一个是我是外国博士生，另外一个是我有实践的经验，其实会比普通的中国博士生拿到学位更简单一些。

李翔：你之前在访谈里面提到你从亮马河附近的公寓搬到了胡同里面住，当时做这个决定的想法是什么？

青山周平：主要原因是那个时间段我差不多慢慢知道在北京要怎么样生活了。刚来的时候我没有办法讲中文，我不知道怎么交水电费，什么都不知道，所以需要一段时间让我自己可以有生活在北京的一个能力。到了那个时间段大概可以了，然后我就想体验北京独特的东西。因为亮马河很像日本，差不多一样的住宅的模式，所以希望去比较有意思的、有北京的感觉的地方居住。

李翔：那是什么时候？你大概用了多久，认为自己具备了这个能力？

青山周平：应该是在亮马河和百子湾那些公寓里面生活了三年左右之后。

胡同和 3.0 家庭

李翔：你现在会跟很多中国建筑师交往吗？

青山周平：平时比较少。但是最近有一个大的开发项目，项目方面会选一些建筑师一起参与，你负责这个，他负责那个，类似这样一个模式，所以最近比较多。一个是这种项目上会有见面和沟通，另一个是在论坛和活动上面会有。

中国室内设计行业和建筑行业是完全隔开的，建筑学的一群人和室内设计的一群人完全不一样，互相没有特别多的连接。他们的风格也不一样，在说的事情也不一样。我的特点是我有点像两个都占一点。

李翔：就是两边都做一点？

青山周平：左边的脚在这边，右边的脚在那边。

李翔：马岩松在建筑师里面属于非常幸运的吗？

青山周平：我觉得是比较适合现在的时代。是时代需要他这样的一个感觉。

李翔：回到胡同那个话题，你之前对胡同的认识，跟你实际居住在里面，对它的感觉应该会有很大的差别吧？

青山周平：很大的差别。之前是通过一些信息来理解胡同的，网络上的信息，或者学校里面会学一些胡同的基本格局这些东西，更多的是从一个传统街区，传统建筑的角度去解读胡同建筑，类似我们去理解其他国家的老街区、老建筑。在里面生活之后，它对我来说就变成一个很有未来感的街区，或者说一个生活空间。这里的未来感，是对我们这段时间大量建设的新的城市的一种批判。

胡同是不断给我另外一个视角的生活空间。有几个点吧。一个是它的尺度的问题，它是以人的尺度做的空间，胡同里面连车也是小的。这个尺度的感觉跟新城市的感觉不同，新的城市是以汽车的尺度和速度做的设计和规划，是完全不一样的感觉。

另外一个点是胡同中建筑跟自然的关系。当然新的城市也有很多自然的元素，比如会有很多的植物，但都是被建筑师设计出来的，是为了提供一些美观或者舒适的感觉，有点像是最后添加上的感觉。胡同里面更多的感觉是，自然的东西和建筑是平等的，是一对一的感觉。比如很多树比建筑更老，是一直留在这里的。建筑一直在变，树也一直在长。其实胡同的生活里如果没有树的话，比如现在把胡同里面的树都砍掉，这个胡同是不成立的。胡同建筑的光线会受到树的影响，比如这是胡同的房子，太阳的光线夏天在这儿，冬天的时候就会在那儿。

生活在里面的时候，感觉到冬天时太阳光直接照过来，比较暖和，夏天时光线被树挡住，特别凉快。通过光线的变化，会感受到北京自然的规律和胡同的建筑有一对一的平等关系。这是没有在胡同生活的时候不会发现的。

所以在胡同里面，自然的东西不是为了观赏而后面添加的，它是一个比较本质的存在。这也是在批判现代主义建筑，现代主义建筑排除了自然的存在。而在胡同里，自然和人是平等的状态。曾经有一段时间，人是平等地对待自然的；工业化之后，人越来越把自然的东西按照人的方式去改变。现在很多建筑师，尤其是日本的建筑师，对这个东西比较敏感，我觉得在中国也是，越来越多的人在考虑人和自然的关系，人只是环境的很多要素的其中一个而已。我的这样一个思维方式，也是在胡同里面提升的。

第三个点是我讲过的共享的生活方式。胡同的生活中，他们的房子都很小，厕所也在外面。我之前生活的胡同的邻居，一天基本上都在外面，吃饭是在外面，看电视也是三脚架拿出来，放在那边看视频，刷牙也在外面刷。我的邻居打扫院子的时候也会打扫我这边的院子，因为他觉得这个院子也是他的。我往外面晾衣服，下雨的时候他们也会收起来，因为觉得我的衣服也是他们的衣服。他们的小孩子也会直接到我们家玩，结束了就走，他觉得我的房子也是他的房子的一部分。各种各样生活上遇到的细节的东西，让我感觉胡同里面的家和房子的感觉是不一样的，房子是小的，但是生活或者家是很大的。这是批判现在的高楼住宅，家和房子高度一致，房子的面积和生活的范围是一致的，所以没有人打扫公共区的走廊，因为他们觉得那个不是我的，是别人的。这让我会去思考这种共享的生活模式。

理解了这种现象之后，再看到现在年轻人生活模式的时候，会觉得年轻人可以按照胡同的方式去生活。原来给爸爸妈妈加一个孩子的家庭设计的住宅，通过现在像自如这样的平台，把每个房间租给普通的年轻人。这有点像把设计给家庭的房子，勉强租给一个一个的年轻人，其实是有出现一些矛盾的。这个矛盾就是每个时代当家庭出现变化的时候，新出现的家庭和已经存在的住宅模式之间都会产生的一些矛盾。

这些矛盾需要提出一些新的模式来解决。比如说过去大家庭一起生活的时候，有土楼、四合院这样的住宅，这是适合一个家族生活的模式。但是家族越来越弱化，变成爸爸、妈妈、两个孩子或一个孩子的时候，他们没有办法住在四合院里，于是就出现了两室一厅、三室一厅，住宅高楼这样的模式。现在大城市慢慢变成新一代的家庭，我叫它 3.0 版本——这是我的语言，就是一个人的家庭出现了。东京有一半的家庭是一个人的家庭。过去当然是两个人、三个人的家庭多，但是现在越来越少，一个人的家庭越来越多。一个大的趋势是这样的。中国的大城市也是。这个时候需要一个 3.0 版本家庭的生活模式。对我来说，胡同的社区的感觉，是一种灵感的来源。

胡同生活的舒适度

李翔：胡同本身不是某一个建筑师勾画出来的，是吧？

青山周平：对。所以我最近也对这种设计比较感兴趣，也就是不是建筑师百分之百控制的一个空间，建筑师怎么样可以设计出来。这跟现在社会的状态有关系。从现在大的环境来说，人工智能、大数据，这样的技术变化会越来越影响我们理解世界的思维方式。当人工智能可以很快地做出一个特别合理的设计时，你的设计就不一定要按照原来的那种方式去做了，那样的话，很快会被人工智能或者大数据替代。

李翔：在日本有类似于胡同，或者上海的弄堂，这种老的建筑形式吗？

青山周平：有。日本也是留下来的比较少。很多中国人说日本留下来的更多，这个认知是因为京都、奈良的那些老建筑形成的。其实中国留下来的反而更多。日本因为很多是木头的房子，火灾也比较多，包括之前战争时期也被烧掉很多，其实留下来的不是特别多。

李翔：你比较赞扬或者推崇胡同的那种生活方式，或者建筑设计的方式，但它其实给很多人的印象是，生活在里面是非常不舒服的。

青山周平：我觉得不舒服的原因，更多的是因为大家的生活方式在改变，对生活的要求也在提高，胡同原有的房子的设施，慢慢地没有办法满足现代人的生活需求。所以我们也做了一些胡同改造的项目，要做的事情是解决一些很基础的问题——它的卫生间的问题，还有采光、通风的问题，空间小的问题，隔音的问题。这些差不多是所有的胡同改造都要解决的问题，也都是可以通过技术上的方式来解决的。

当然空间会有一点限制，但是也可以通过一些方法改善，比如上拉一点做阁楼，这是比较常见的增加空间面积的做法。我们过去做的很多胡同的项目，都有这样的手法。还有开窗、加地暖、加保温，都是常规的做法，可以提升生活的质量。唯一很难解决的是开车停车的问题，这是没有办法解决的。所以基本上我觉得不舒服的问题是可以解决的。

李翔：当时你决定搬到胡同里面，你自己作为一个建筑师，第一眼看到你要租的这个房子，你的反应是什么？加以改造吗，还是什么？

青山周平：那个时候因为我也没有太多钱，所以没有办法自己花钱改造房子。住在胡同的第一个时期是在南池子那边，有一片拆除重建的区域。它是一个新型胡同的实验性项目，一个院子，院子里面都是两层的新房子。所以我那段时间住的是相对完整的房子，一楼有洗手间和沙发，是特别适合一个人生活的。后来住的几个房子，是彻底改造过的，因为那时候我已经有一些积累，可以自己花钱改造。

李翔：有时候会给人留下一个印象：如果我不是建筑师，就感觉很难。

青山周平：因为 2015 年《梦想改造家》的节目，我参加过两次胡同房子的改造。那时候为什么那么多人关注胡同改造的项目？正好是时代变化的缘故。

过去没有太多的人关心胡同改造，比如我刚来北京的时候，建筑师没有做胡同项目的，都是在做各种大型项目。后来慢慢社会开始关注老城区、关注胡同的改造。2014 年、2015 年就是这个变化刚刚开始的时间段。同时社会越来越关注一些小空间，包括收纳。

所以一个变化是社会越来越关注老城改造的部分，另一个变化是社会越来越关注功能性收纳和空间利用。正好是这两个社会变化出现的时候，出现了《梦想改造家》，我们做了两个胡同改造项目，加上因为我是日本建筑师，日本建筑师有一个标签是收纳和小空间——其实这跟我擅长的没有关系——加上这个特点，就变成一个那样的关注度。

室内设计和建筑设计

李翔：你身上有哪些标签是你觉得跟你的能力和擅长的东西不吻合的，或者你比较排斥的？

青山周平：我其实是相对比较随便的，没有特别排斥的东西。但比较夸张的是，比如说建筑界“小栗旬”[①]，这种通过外观来贴标签的，我觉得没必要，因为它是比较表面的东西。我是个建筑师，建筑师这个身份对我比较重要。

李翔：你也讲过，同时可以做室内和建筑的建筑师是比较少的，是吗？

青山周平：最近越来越多。在中国，传统上做建筑的和做室内的人是分开的，但最近一些年轻的建筑师是建筑和室内一起做的。

李翔：开始的时候为什么会有这种分野呢，做建筑的不做

① 小栗旬是日本男演员，出演过《银魂》《热血高校》等电影。

室内，做室内的也不拿建筑项目？

青山周平：我觉得还是有社会的原因。过去只存在大型项目，建筑师做的都是大型的开发项目，比如住宅区开发、办公楼。这些项目对建筑师要求的能力和对室内设计师要求的能力是很不一样的。这几年才有小型的项目，几百平方米、几千平方米的项目开始出现。

阿那亚也是一个很大的原因。阿那亚的成功，部分原因是那些建筑师做的小的作品成为一个传播点，让阿那亚变成一个新时代的开发项目的标杆[①]。它的成功让很多开发商开始学习这个模式。很多其他的项目，也开始在大的开发项目里面，希望请一些有个性的建筑师做一些公共区域，比如书店、美术馆。这些都是阿那亚的模式。

与此同时，大型的项目越来越少，但很多商业的项目开始出现。也包括疫情的原因，各种国内旅行的目的地要开发。类似这些变化，让小型的个人建筑师事务所也可以做一些独立的小型建筑。我刚来的时候没有这样的项目。

另外，中国有一个庞大的家装行业，这是一个很独特的状态，日本没有这样的东西。

李翔：日本没有家装行业？

---

① 阿那亚是位于河北省秦皇岛市的一个滨海旅游度假综合体社区，因设计独特的海边图书馆、礼堂、艺术中心等受到欢迎。

青山周平：对，因为日本所有的房子都是精装修。当有这个庞大的家装行业的时候，会有学校、媒体、供应商等很多行业附着在上面，所以出现了室内设计师这样一个行业。日本没有太多室内设计师的学校，大部分人都是学建筑，然后比较喜欢做室内的人就去做室内。

李翔：是因为你同时做室内和建筑，你不排斥做室内设计，所以慢慢地大家会觉得你擅长室内吗？还是别的原因？

青山周平：应该更多的是《梦想改造家》的影响。因为《梦想改造家》做的主要是室内改造，而且参加《梦想改造家》的大部分是室内设计师，虽然也有一部分是建筑师，但是观众不太会在意这个区别。

现在越来越多的建筑师事务所也做室内。细节来说，室内是分两部分的：一个类型是单纯的室内，就是在别人做的建筑里面做室内设计；另外一个类型是自己做的建筑的室内，就是自己的建筑作品，一起做了室内的设计。这两个室内有点不一样。有些事务所是不做纯粹的室内设计的，但我们是会做的。

李翔：但是一个好的建筑师必然会考虑室内的设计？

青山周平：对，如果是自己做的建筑，一般的建筑师都会做室内的设计，因为不想让别人来做。

自己的事务所和《梦想改造家》

李翔：你在 2014 年创办了自己的事务所，是吗？

青山周平：嗯。

李翔：当时直接的原因是什么？

青山周平：原因也是有点外界的，我本来想先读完博士，再做事务所。但那时候朋友有些项目，有点像被他带动的感觉。他建议在这个地方[①] 找一个小房间做办公室。所以不是我自己主动开始做的，有点像是被动的。做了之后马上就有其他机会，包括上节目。

李翔：你独立做事务所之后做的第一个项目是什么？

青山周平：最早期的项目应该是面包店的系列设计，也就是原麦山丘[②]。那是参加《梦想改造家》之前做的。

李翔：节目是在 2015 年吧？

---

① 指青山周平的事务所所在的办公园区郎园。

② 面包烘焙连锁品牌，门店主要在北京和天津。

青山周平：对，2015 年。节目之后加速了一些项目的情况，后来博士就读不下去了，这样的一个感觉。所以不是我规划好的，我更多的是被动的。

李翔：所以当时是先有项目，然后再做的事务所？

青山周平：对。那种小项目是一直有的，比如说认识的人要做一些改造啊，类似这种。

李翔：我可以理解为，你自己做了事务所之后还是比较顺利的，项目也没有缺过？

青山周平：比较顺利，没有什么特别的。其实我们的规模是根据项目的情况来调整的。所以最开始的时候大概是三四个人、两个房间。那时候我们的项目是支持这个规模的。参加《梦想改造家》的节目之后，状态有点不一样了，就慢慢开始做大一点，现在差不多 30 个人的状态。

李翔：我看《梦想改造家》，你在做改造项目的时候，提出要在那个环境里面生活 24 小时，这对建筑师而言是一个常见的现象吗？

青山周平：那个还是比较节目化的，一个正常的项目我不太会去生活的。而且那是我第一次做私人住宅的项目，之前没有做过。

李翔：之前的项目更多的是什么？

青山周平：都是商业性的。所以之前没有做过私人住宅，也没有做过胡同改造的项目。那是第一次。

李翔：你选择参加那个节目的原因是什么？是一个曝光机会，还是胡同的项目吸引你？

青山周平：参加那个节目的时候没有想太多，而且我也不知道后来会有多少人看，有多大的影响力。但我看好的是，如果是正常的情况下，不可能有这种项目，因为这种非常普通的大杂院，业主不可能花设计费和改造费让我们这样的建筑师来改造。它是常规的生活环境里面，建筑师没有办法接触的一个项目类型，但是因为赞助商和媒体的存在，所以实现了把二者连接起来的情况。这是我那时候比较感兴趣的。

李翔：项目是你挑选的吗？还是节目组分给你的？①

青山周平：基本上是节目组定的。第一年他们给我看了两个房子，我选了那个。

---

① 青山周平在《梦想改造家》中参与的胡同改造项目，第一个是仅有35平方米，却有一家五口住在其中的南锣鼓巷胡同住宅改造项目，这也是让青山周平在互联网上爆红的改造项目。第二个是44平方米的灯市口L形胡同住宅。

李翔：就是王燕[1]的那个房子。

青山周平：对。第二年的时候他们也没有太多地说什么。

李翔：做这两个项目，会对你对建筑的理解有一些影响吗？还是就是一个不一样的体验？

青山周平：我觉得还是特殊的项目吧。两个部分比较突出，一个是它要有节目效果，所以我们中间不能跟业主沟通方案的。

李翔：是吗？

青山周平：嗯，我们第一次见面，业主会提出一些基本的需求，后面设计的过程中我们不能跟业主沟通方案，只能跟节目组沟通。这样最后业主进家会有一个惊喜，一个节目效果。所以这跟我们常规的设计是很不一样的一个部分。

第二个部分是，我们的设计需要考虑节目之前做过的其他方案、其他已经播出的内容，因为不能重复之前的，也要考虑一些节目效果。所以跟常规的项目还是不太一样的。常规的项目不会考虑的事情，在这里要考虑。

李翔：所以更像是一个好玩的经历，可以这么理解吗？

青山周平：我觉得当然是好玩的经历，因为没有这个节目

① 在节目里叫胖大婶。

的话，不太会了解很多事情。但是我也累积了一些经验，空间的立体的利用、动态的利用，还有胡同里面的小空间的想法、老城区改造的社会意义。这些东西我现在比较感兴趣，也都跟它有关。

李翔：改造的过程中间，比如室内很多设计得很好的家具，后面有重复使用吗？

青山周平：可以说大部分没有用，因为比较麻烦。

李翔：做起来比较麻烦？

青山周平：用起来比较麻烦。

李翔：你指的是用户用起来比较麻烦？

青山周平：对。这就是刚才说的，有些节目化的、娱乐化的考虑的后果吧。因为它需要一些话题，以及之前没有播出过的一些特点。这个特点不一定跟业主实际的需求有关。设计方案的过程中，也没有跟他们沟通。所以他们的实际需求和我们的设计其实还是有些矛盾的。

李翔：后续的问题你需要继续介入解决吗？

青山周平：一些部分会。节目结束之后我们也会跟他们沟通，做进一步的改造。现在已经没有太多的沟通了。

李翔：像胖大婶家的家具，比如可以伸缩的、拉出来的桌子，都是你设计的吗？

青山周平：对，我们做的设计。但是也有一些不用做的，比如那些五金，是很难有建筑师专门为了一个项目去开发的，所以用的是成品。但是五金怎么用，是我们要有创意的部分。

李翔：也就是说，比如那种下拉的天窗，是有成品的？

青山周平：对，那个有成品。

李翔：那你的设计范畴不就更广了吗？可能也包括家居设计了，比如桌子、床。

青山周平：我们在做住宅设计的时候，是没有特别的界限的，从空间到固定的家具、活动的家具，包括窗帘，这些软装，都是要自己去控制的。所有这些应该差不多花了半年的时间，设计，包括施工。

互联网知名度

李翔：突然在互联网上获得那么高的知名度，会让你有某种不舒服的感觉吗？

青山周平：肯定有好的方面，有不好的方面——也没有很大的不好的方面，但还是有两个有一点不舒服的地方。

第一个地方是，网络上的知名度和专业上作品的认可度不一定是一致的。我自己的话，参与《梦想改造家》的时候是刚刚开始做自己的事务所，没有太多的特别有代表性的作品。很多人说你是"著名的设计师""著名的建筑师"，但我自己觉得只是因为那个节目。我现在也没有到应该这么著名的状态。所以这个差异还是比较不舒服的。但是这个事情我想这么多也没有用，我要努力做出自己的好的作品，把这个部分解决就好了，有这样的一个感觉。

第二个可能更直接一点。我在哪儿、我做什么，有时候被网络报道，会有类似隐私的问题。这个还是有一点不舒服。但最近好一点。

李翔：其他建筑师会怎么看待这个现象，就是你突然变得很有名？

青山周平：专业人群肯定还是看作品的，建筑学里面有比较系统的、成熟的对作品的评价标准，不会有不好的作品被认为是好的作品，好的作品被认为是不好的作品。

所以如果大家认为这个人的作品不行，但是他因为媒体或者其他什么被认为特别著名，可能大家还是看不起他，认为这只是一个表面的东西。还是有一点这样的感觉，当然他们不会直接这样说。所以我这几年努力做我的作品，也是希望努力把差距变得越来越小，让作品超过个人名气。

李翔：我记得有一次听马岩松讲，他刚回国的时候，大家会认为他是“媒体建筑师”，就是没有什么作品，但是老在媒体上出现。

青山周平：这个还是很矛盾的状态。但是不管了，无所谓了，还是要做自己满意的、自己觉得好的作品，让作品的成绩超过外界的认可。

李翔：各个行业里面都有这种情况，包括我跟很多创业的人聊，他们也会讲，CEO（首席执行官）认为的好的 CEO，可能跟普通人、媒体认为的好的 CEO 不是同一个人。

青山周平：对。

风格和变化

李翔：2014 年，你给自己的事务所起名字叫“北京城市环境研究所”，当时的考虑是什么？一方面感觉很具体，另一方面又感觉挺大的。

青山周平：两个意思，它的英文缩写是 B.L.U.E.，有蓝色的意思，我的名字青山的青，在日语里面就是蓝色的意思。

和北京结合在一起，是我做设计时的态度，我们以北京为核心——虽然在很多地方做设计，但我们事务所还是在北京。

研究，我们希望是以一种研究的态度去做建筑。城市，我的思维方式就是从城市的角度考虑建筑，希望在城市环境当中考虑建筑。

然后环境，建筑是环境的一部分，建筑不是主角，我们要做的是整体的设计。如果这个地方有一个建筑的话，它是一个整体的环境的一部分，这是我们要做的方式。环境才是我们的对象。

所以是把这样的一个想法放在几个关键词里面。

李翔：如果你在东京做一个项目，说是北京城市环境研究所做的设计，感觉会有点怪吗？

青山周平：也没有想太多。我感觉还是因为我们在北京，以及很多我的思维方式都受到了我在北京的经历的影响。

李翔：现在这个阶段，你会认为你已经找到自己的风格了吗？

青山周平：完全没有，现在也是在变化的。比如最近我们在阿那亚做的甜品店空间的设计①。我们发布那个项目之后，很多朋友会说你怎么了，这个不像你做的，有什么什么变化。我自己也觉得，这个跟过去的一系列还是很不一样的，但确实也有一个联系。我一直在变化。

李翔：大家认为的你的风格是什么？

青山周平：我觉得还是自然的、舒服的、比较温暖的感觉吧。

李翔：换另外一个角度来思考，主动来找你的那些业主，肯定会讲我为什么要来找你，那个描述的语言可能就是他对你的理解。

青山周平：但这可能也分人。他们之前看过的作品是不一

---

① 指阿那亚味从山海甜品店，它的风格跟青山周平原有的设计风格在造型上有所不同。

样的。他们会看一些跟他们自己项目有关的作品。

李翔：也就是说，他们看的项目是经过选择的。

青山周平：对。可能相对来说比较简洁、纯粹，但是这个纯粹不一定是外观上的纯粹，可能是逻辑上的纯粹。

李翔：前面你也讲过，你不太希望来找你的业主认为你是一个做日式设计风格的建筑师。

青山周平：对，完全不想要这样的感觉。

李翔：为什么呢？

青山周平：除了做日式餐厅，或者其他需要有日式功能的项目以外，在中国做日本的东西，我觉得没有道理吧。所以我不会。

当然最后我做的东西应该还是会有一些日本的氛围，因为我是在那样的一个环境中长大的，跟一个在北京这样的环境中长大的建筑师，对空间的理解、空间感是完全不一样的。会有这样一个东西出来，但不是故意要表达的东西。

李翔：如果是业主和用户喜欢的，为什么不做呢？

青山周平：也要看日式的定义是什么。有些业主对日式的定义是比较符号性的、比较直接的、表面上的，一看就是日本感觉的，有点像日本餐厅那样。这个的话我不想做。因为它已经有一个套路了。

李翔：就是找另外一个人完全可以做。

青山周平：对。但如果他说的是一种自然的感觉、通透的感觉、干净的感觉，这种比较不是符号性的、表面性的理解的话，我可以把这个需求翻译成另外一个语言来说，而不是说做日式的设计。

我们改造的苏州的房子，是贝聿铭家族之前的房子①，改造之后有很大的争议。一半的人觉得做得很好，一半的人看照片觉得，为什么日本的设计师把苏州的老房子改成日式的状态了。

最后的一些空间感，从照片上看，会有一些人觉得是日式的感觉。我可以理解。但从我的角度，我当然不是要把它改成日本风格的东西，放在苏州的院子里，而是通过我的理解方式，把苏州的看不见的那些生活逻辑和一些特点结合在改造当中。

李翔：像你做这样一个项目，前期需要做什么样的准备工作？我相信你之前对苏州整个的园林风格也没有那么深的理解吧？

青山周平：这是比较难的地方，因为我不是中国人，中国人对苏州园林的理解我没有办法超越，也很难超越。我更多的

① 指青山周平改造的建筑大师贝聿铭叔祖贝润生的私家宅院——有熊文旅公寓。

是希望以自己的方式去理解它，有点像动物那样去理解。比如中国的建筑师看胡同的时候，各种各样小时候的记忆也好，或者受到的教育也好，肯定会有一个对胡同的思维的框架。我自己的话，我希望有点像动物一样来体验这个空间，去抓住本质上这个空间的特点。

我按照我的方式去抓住这个城市、这个空间和这个场所的特点，所以不太会特别重视比如文献里的一些描述，或者这个地方的历史，哪一年发生了什么，谁住过这个地方，类似于这样的东西。

李翔：比如苏州这个设计方案，你需要到那个城市生活一段时间吗？

青山周平：没有的。更多的是自己去感受，感受场地和周围的环境。如果能有更多的时间体验这个城市当然是好的，但是在很多实际项目的操作中是没有这个机会的。

李翔：你在出设计方案之前会看一些当地的建筑吗？

青山周平：会看的，首先场地肯定是会看的，看场地的时候还要了解周围的情况。

李翔：这个项目是主动找到你的吗？

青山周平：对，那是万科的项目，他们找我们做。

李翔：它肯定也是双向选择的过程，你选择它的原因是什么？

青山周平：之前没有做过苏州房子的改造，那个院子本身也是很有特点的和好的。主要是老房子的美丽吧。

李翔：是贝聿铭家族的祖宅不会加分吗？

青山周平：这个没有加分，更多的是压力吧。

李翔：我听到就会觉得很好玩，一个建筑师去改造另外一个建筑师的老房子。

青山周平：那时候没有太多的考虑。

李翔：但是他们找到你的时候会强调这一点吗，比如说这是贝聿铭家的房子？

青山周平：会说。

寻找创意突破的方式

李翔：你之前讲到，你不太愿意做那种行活，就是已经有现成的模式、很容易做的。那你认为，在你的建筑里面，你追求的那个独特的东西是什么？会刻意地追求那种独特的东西吗？

青山周平：首先当然还是希望，但是有很多现实的问题，因为我们要完成一个项目，有一定的时间限制、一定的人力成本在里面，所以还是有一定压力的。

理想的状态是，我们希望每个项目都是一个新的创意，是我们自己过去没做过、别人也没做过的新的东西，这是一个很基本的态度。

比较难的是突破自己，突破我自己的范围。最近我为什么开始让同事们做很多方案，是我不想只是用自己的脑子思考这个东西，因为很难突破。而且我也不想让他们只是用他们的脑子思考，因为他们也没有办法突破。所以我的想法是，比如跟他们说，两天、三天内要做十几个不一样方向的模型，然后我们一起讨论。这样，因为没有考虑的时间，所以他们很多方案是随随便便、没有经过特别多的考虑，就直接用手做出来的。三天之后，可能这个会议室里会有好多好多他们随便做出来的模型。这个对我来说是有价值的。当然很多是没有用的，但是某一个模型会给你一点感觉，比如把某个元素放进去，把一个和另一个结合在一起。这个过程是突破我自己想象范围的过程，对我来说是比较重要的。

李翔：像这种建筑师的想法的突破，受到的刺激会来自什么？比如你看到的某一个作品，或者其他领域的刺激，还是更多的是通过自己的实践过程？你自己寻找刺激是通过什么方式？

青山周平：对我来说，最有突破的瞬间就是刚才讲的那个过程。

李翔：就是同事做的各种各样的模型？

青山周平：就是模型，这是我的一个特点，或者说我的方式。我不想让他们太多用电脑。电脑更多是把已经确定的方向优化的工具，在优化方面是特别有用的。但想完全是新的东西的时候，电脑的 3D 软件很难有突破性。所以这个阶段的话，我希望让他们做模型。模型就是这样用手随便做出来的。做模型的过程是一个想法没有确定的过程，就是随便做。有时候突然觉得这个是有意思的。它不是脑子让手做的过程，而是随便出来的一个东西。我们用笔画草图的时候也是这样的。你写字的过程，手和脑子是百分之百连接的，脑子给它命令，应该怎么动作。但画草图的时候，你的行动和大脑是分开的。这种分开的状态，是我最有灵感的瞬间。

李翔：很多人会通过冥想来做这种练习。

青山周平：对，通过走路、散步也可以。

前辈的影响

李翔：到目前为止，有没有哪些人、作品，或者经历，会塑造你对建筑的一些理解？

青山周平：一个经历是大学旅行的过程中看到的西藏的一种生活模式，在那里，人是不能单独生活在自然环境当中的，要把牦牛放在人和自然中间。如果人单独在自然环境中，没有办法生活。把牦牛放在自然和人中间的时候，人可以获得吃的东西，做饭时有燃料和能量，牦牛的粪便也可以作为人类建房子的材料来使用。这样子，人就可以开始生活了。

在这个地方，可以特别清楚地看到自然环境和人的生活的循环状态。这个循环是很难在大城市或者复杂的、有一定规模以后的地方能了解到的东西。所以看到的时候有一种感动。

我的思维方式受到很多人的很多影响。过去日本建筑师的特点是，写的书很多。我们年轻的时候就会看前辈建筑师写的书。不仅仅看建筑师写的书，还看社会学、人类学、历史、哲学、生物学的书，这些书的内容影响了我对于世界和社会的整体理解。但是没有特别的某个人。

李翔：在你学建筑的时候，最有名的建筑师是谁？

青山周平：在我的学生时期，明星感觉的建筑师是伊东丰雄[①]，以及中央电视台总部大楼的建筑师库哈斯。妹岛当时是刚刚起来的阶段。那段时间库哈斯和伊东的影响很大。扎哈对日本学生的影响是小的，可能是因为文化差异，日本人不是特别喜欢那种风格。

李翔：库哈斯不是这种风格吗？

青山周平：库哈斯不是。日本的建筑师比较喜欢可以看见建筑背后逻辑的东西，库哈斯比较偏这个风格。

李翔：你学建筑的时候，这些明星建筑师会对当时学建筑的年轻人有实际的影响吗？

青山周平：会有的。包括他们的作品和他们写的文字。他们发表作品的时候会写文字，包括伊东在内，也都会写书，这是他们的理念输出方式。这个会影响大家。

李翔：为什么建筑师会比较愿意去表达？

青山周平：这是因为从古希腊、古罗马开始，有一个几千

---

① 日本知名建筑师，2013 年普利兹克建筑奖得主，代表作包括仙台传媒中心等。

年的建筑学的历史，就像物理学有一个累积过程，是一点点地，而不是突然出现的东西，建筑也有这样的感觉。自己现在做的事情到底是什么，跟整个建筑学的历史和现在时代的特点是什么关系，要怎么定位它，都要表达出来，是这样的一个感觉。

相比之下，室内设计就没有这样一个历史系统，做室内设计很难把自己的工作定位在整个历史里面，只能变成好看不好看这样一个层次的讨论——可能没有那么夸张，但的确是这样。所以，现在也有一些室内设计师在努力构建自己的逻辑，希望把自己的作品定位在时代里。

李翔：你在之前的采访里面提到过，包括我们也聊过丹下健三的重要性，我想知道，丹下健三对你有实际的影响吗？

青山周平：他影响我更多的，是他对城市的理解，包括他的建筑和城市的关系，他的建筑不是单独的、独立存在的东西，而是跟周围的城市有比较明确的关系。但是他也有两面，也有一些特别独立存在的建筑，比如东京的体育馆，还有东京的教堂①，等等，它们更多是建筑本身的逻辑。

而且他做的空间不需要什么解释，尤其是那座教堂，进去之后直接让人感动。那个空间本身就有很强大的力量让人感

① 指丹下健三著名的建筑作品代代木国立综合体育馆和东京圣玛利亚教堂。

动。那样的感觉让我会想，如果有一天我也能做这样的建筑，是最好的。

李翔：空间本身就让人感动，这样的建筑多吗？

青山周平：我觉得不多。一方面建筑本身要有这个条件，一方面跟去看的人那天的状态也有关。比如你今天去看这个建筑和一年后去看这个建筑，可能今天去的感动不一定是一年后的感动。包括那时候的天气、堵不堵车，跟这样的东西都有关系。

李翔：你在东大读书的时候，会有关于丹下健三的很多传说吗？大家会讨论他吗？

青山周平：他是一个前辈的前辈。安藤忠雄在我去东大读书之前的一段时间在那边当老师。还有前面说的桢文彦，我去的时候他已经退休了。会聊到安藤忠雄和桢文彦。

李翔：当时安藤是去做专职的老师吗，还是做讲座？

青山周平：是全职的老师。安藤忠雄是东大历史上第一个没有读过大学的老师。他是比较奇特的。

李翔：我看过他的一本书，《安藤忠雄连战连败》，就是东大的课程文稿。

青山周平：应该是的。我没有听过他的课，我去的时候他已经不在东大讲课了。

李翔：日本的建筑学派，现在在你身上还有很深的烙印吗？比如说丹下健三之后在日本建筑界影响很大的“新陈代谢派”。

青山周平：如果问“新陈代谢派”对我有没有特别具体的影响，应该是没有的，但它那种灵活变动的城市和建筑的想法，当然还是有一点影响的。比如盒子社区的设计，就是把建筑的概念打破了。

所以其实不是具体的影响，而是整个思维上的。很多建筑师写的书，他们的思维方式，当然对我有影响，包括日本一些传统的审美也是有影响的。

好的建筑师和明星建筑师

李翔：从建筑师的角度来看，你认为什么样的条件可以成就一个像丹下健三那样的建筑师？应该是很难复制的吧？

青山周平：好的建筑师和明星建筑师还是有区别的。好的建筑师不一定能够变成明星建筑师，明星建筑师也不是所有的作品都一定是好的作品。

我说的明星建筑师就是有点像世界上大家都知道的、有明确风格的建筑师。这种建筑师，可能中国的话，比较有代表性的是马岩松。比如妹岛有妹岛的风格，扎哈有扎哈的风格，库哈斯有库哈斯的风格。它已经变成一个信息，全球的资本化的世界其实需要这样的一个符号化的东西。所以它其实是全球化越来越扩大的时候，出现的一个符号化明星建筑师的定位。

比如隈研吾可能是现在日本最明星的建筑师，他的事务所的状态跟别的日本建筑师事务所的状态是完全不一样的。他是在全球化的世界里面的，其他建筑师是在日本的。这个跟很多地区的社会分裂有点像，现在各个地方都在分裂。建筑师也是全球化的一个部分，全球化的建筑师和其他建筑师之间也是有分裂的。

李翔：你的意思是好的建筑师和明星建筑师不一定是重合的，是吗？

青山周平：对，明星建筑师还是要有一个特别明显的、符号化的东西。这个跟实际的能力有一点关系，但是也有一点没关系。

有个比较明显的现象：哪里都是几个明星建筑师的作品。比如在加拿大要做美术馆，报名的是这几个建筑师，第二天在伦敦有一个新的项目，还是这几个建筑师。

还是有这样的一个分裂的状态吧。所以建筑师要考虑他所在的台阶。他不可能从这个阶段直接到另一个阶段，而是要慢慢地、一个一个台阶地过去。

李翔：你指的是一个渐进的过程？

青山周平：对，比如以我现在的状态，不可能直接拿到国际上大的项目，可能先要拿到稍微小一点的项目，然后再拿到好一点的，是一个慢慢的过程。但是公开的设计比赛，是可以有比较大的跳跃的机会。

李翔：马岩松就是参加了一个比赛然后中标了吧？安藤忠雄是不是也是这样？

青山周平：马岩松是拿下了加拿大梦露大厦的项目。安藤是找到了混凝土这样一个符号。他可以一直用混凝土的符号，所有人看到他的作品，就会想到他、想到日本，这是一个原因。再加上他个人的交流的能力、社交的能力。

李翔：像清水混凝土之于安藤忠雄，这种符号是很难找到的吗，对于一个建筑师而言？

青山周平：很难。因为没有太多的可能性，所以很难。每个项目还是不一样，但也有一些共通点。

李翔：你追求的那个点是什么？就是有可能让人一看就知道是你的项目、是你的风格的。或者你有刻意追求这个点吗？

青山周平：类似于安藤的混凝土、扎哈的流线型造型、隈研吾的建筑表皮的设计，这些看得见的造型上的，或者说材料上的建筑师的特点，我现在是没有的。我现在每个项目都是不一样的材料和不一样的表皮的逻辑。

可能我的特点还是一个空间感受上的状态。一般而言，我的建筑还是让人有很多移动的选择、有比较多的空间可以探索。我一直喜欢这种探索的感觉和氛围，所以我做的很多空间里面都有这样的东西。我现在还希望，在我的空间当中，大家感受到的不是一个人的感觉，而是大家一起的感觉，而且是每个人保证自己的私密性或者安全感的基础上，大家在一起的那种感觉。然后，在我设计的空间里，自然的元素会结合在建筑当中，也是一个相对来说比较大的特点。

李翔：像这种探索的感觉怎么通过建筑语言表达出来？动线的设计吗?

青山周平：比如说通过街区高低的设计，有阶梯上下、高低不一样，总体变成一个有立体层次的感觉。我比较喜欢把城市街道的氛围结合在建筑当中。

穿越时代的建筑

李翔：建筑师本身应该是跟时代结合很紧密的。比如我看丹下健三的传记，他生活的年代刚好是战后，机会很多，日本有奥运会，有很多大型建筑要建。可能 2005 年前后的北京或者中国也是这样。你会想这个问题吗？

青山周平：现在作为一个来自日本的建筑师，在这个时代的中国做建筑、做空间，我要做什么，这肯定是很重要的要考虑的，因为我的设计是在这个基础上出现的。但是我不会想如果我活在丹下健三的时代，我会怎么做。

李翔：现在大家找你做项目，还会考虑你是来自日本的建筑师吗？应该已经很少了吧？还是会单纯从建筑和设计的角度来。

青山周平：我觉得有些项目是会的，但是大部分的项目应该不会。

李翔：你作为建筑师肯定看过很多建筑，你思考过什么样的建筑是会穿越周期留下来的吗？

青山周平：这个一部分跟建筑本身有关，一部分跟外界的因素有关。比如“新陈代谢派”著名的建筑师黑川纪章在日本东京的建筑作品中银胶囊大楼，最近在讨论要拆掉[①]。这座建筑的概念是，可以把胶囊拿出来进行替换，进行代谢，但实际上后来没有更换过。建筑的完成度、设计的理念，跟这个建筑要不要留下来，有一部分挂钩，但更多的部分是没有关系的。

李翔：就是偶然性比较大？

青山周平：比如它的具体的地理位置、经济的情况、业主最近的状况，等等，其实跟这个建筑本身没有关系。

关于建筑的永久性，日本有一个比较有意思的例子。伊势神宫[②]每 20 年都要重建一次，这对于日本人来说是永久性的另外一个理解。因为日本的建筑文化中多是木头建筑，而日本有

---

① 中银胶囊大楼建成于 1972 年，由 139 个胶囊舱体和 2 个核心筒构成。在黑川纪章的设计中，中央的核心筒就像是生物体的脊柱，承担着各种电路管道和楼梯、电梯的功能，胶囊舱体是在工厂预制生产的，胶囊内有各种家用电器和家具设备，可供人在其中生活。胶囊舱体可以每 25 年更换一次，以便让建筑达到更新的目的。但是之后由于中央核心筒中各种管道的老化，以及建筑舱体更换的成本，让中银胶囊大楼陷入了重建和拆除的争论中。最新的消息是，这座建筑已于 2022 年 4 月开始拆除。

② 日本著名神社，创建时间不晚于持统天皇四年（690 年），日本史学界一般认为创建于天武天皇（631—686）时期。

地震，所以日本人对永久性的理解跟石头建筑文化以及没有地震的地方的人，还是不大一样的。比如欧洲的那些老建筑，其实是一直留下来的。但日本的那些老建筑是木头的结构，哪一边不好，是可以换的。伊势神宫其实是用另外一个方式来表达它的永久性。

所以日本人对永久性的理解，是一种一直在变化当中的永久性。比如说一条江是一直在变化的，但实际上它也是永久的。

至于什么样的建筑可以留下来，很难说我有什么比较独特的看法。一部分的挑战当然是建筑师怎么样把这个建筑做成一个有价值的东西。现在我觉得越来越难了，现在的时代，能留100年的建筑会越来越少。

李翔：这么悲观吗?

青山周平：技术上是可以留下来的，但很多建筑都是有成本的，当它的维护成本超过使用价值，就会被拆。在日本，建筑的寿命不是建筑本身决定的，而是成本平衡决定的。

李翔：但是如果社会把建筑视为艺术品的话，不是应该尽量保存它吗?

青山周平：所以怎么样让建筑被更多人认可，让它成为超越经济效益的存在，是一个比较关键的地方。这个事情不简单。

李翔：像流水别墅[①]应该已经是艺术品了吧？

青山周平：是。

李翔：所以就会不计代价地把它保留下来。

青山周平：应该会保留下来。比如安藤的那些教堂[②]，也已经是艺术品的级别了。这段时间有没有类似那样的作品，可能要由后面的人来判断。但这段时间出现的很多很多建筑，有没有 100 年或 200 年之后会留下来的，我比较悲观。

李翔：做出那样的可以成为艺术品的建筑，需要什么条件？为什么今天就很难了？

青山周平：一个原因是社会的变化太快了，5 年后、10 年后社会的需求是什么样子，现在看是很不确定的一个状态。所以很难根据现在的需求来做满足未来需求的设计。这个就是功能的不确定性。

以及我觉得不仅仅是建筑行业的问题，所有的作品都面对一样的趋势，比如音乐、电影、艺术品，都要面对这样的一个时代。我们小时候所有人都看一部电影，这就是一个共同的记忆。但现在很多人看的都不一样，可能这个人在年轻时候看的

---

① 世界著名建筑，位于美国宾夕法尼亚州，由美国建筑师弗兰克·劳埃德·赖特设计。

② 指安藤忠雄建筑作品光之教堂、水之教堂、风之教堂。

电影、书，听的音乐，和另外一个人完全不一样。现在信息特别多，而且每个人群都在分化、形成自己的世界，这种时候，我觉得就很难形成共同记忆，或者一个统一认同的历史。那就会并存很多东西。这也会有很大的影响。

李翔：其实就是更多元了。

青山周平：是。所以桢文彦对现在的时代的表述是，过去大家是一条大的船，往一个方向走，现在的时代，是一个有很多小船去不同方向的时代。

控制和失控的设计

李翔：我之前在采访里面看到，你认为未来城市的密度会更小，因为很多人会选择不住在城市。

青山周平：密度更小这个说法可能有一点问题，我觉得城市的密度应该还是会增加的。全球的人口会在一段时间内达到峰值，然后开始减少。日本已经开始减少了。

人口是会减少，但城市人口在后面一段时间内应该是增加的。这次的疫情有一点改变人们在城市中的生活方式，所以有一点点影响，但目前总体的趋势还是城市的人口会越来越多。

李翔：我们前面也聊到，你非常看重城市和建筑之间的关系，我不知道你有没有看过中国的很多新城，比如黑川纪章设计的郑东新城。这种城市跟你想象中的城市有区别吗？是什么？

青山周平：还是有区别的。我比较喜欢某种意义上自然生长的，也就是自下而上的城市的状态，每个人的一些小的行为动作和生活方式形成的一个城市的状态。很多新城，比如黑川纪章做的城市规划，是一个大师有一个想法，然后按照他的想法做的一个城市。

李翔：自上而下的。

青山周平：嗯。这个我还是比较反对的。

李翔：作为一个建筑师，难道你没有这样的想法吗，有一个机会你可以自上而下规划一个城市？

青山周平：应该会考虑，但现在具体的方式我不知道。比如最近做的作品当中，也会故意考虑让建筑师不是以理性或者客观的方式去控制所有的东西，故意让一些偶然性或者其他人的想法参与进来，让空间变得更丰富，而不是我一个人控制的空间。我最近有几个项目是这样的做法。

如果我有一个机会做城市社区的规划，可能我会思考怎么样用一种我的设计之外的、各种各样的东西一起存在的、比较多样的方式去规划。

李翔：是不是大多数建筑师，包括很多大师，都强调控制的一面？

青山周平：对，这是建筑师比较传统的方式。

李翔：职业带来的吗？

青山周平：对，我的大部分设计也是希望控制我的空间，按照我的设计图百分之百地实现。传统的建筑师的角色是这样的。但我觉得在现在的时代当中，建筑师的角色是在变化的。所以我最近的几个作品也尝试了这样的东西——当然不是所有的项目都这样做。

李翔：你这种开放或者失控的想法是从哪里来的？

青山周平：我觉得这种思考还是有外界的影响和刺激的。外界的影响可能更多的是最近的日本建筑师的讨论。在社会当中，建筑师要做的事情在慢慢地变化，他们讨论的内容也在变化。也会去看最近一些学者的想法。包括之前讲过的人工智能还有大数据对设计的影响，也有关系。所以是整体看到的信息，包括自己感受到的现在时代的氛围，形成了自己对现在时代变化的一些理解。

设计方向

李翔：之前大家更喜欢把你跟小空间的设计联系到一起。

青山周平：对。

李翔：会认为你擅长做小空间的设计。

青山周平：现在很多人也是这么想的。

李翔：你自己觉得为什么呢？

青山周平：主要是节目的影响。

李翔：你自己对小空间的设计也是感兴趣的，是吗？

青山周平：对。这是其中一个系列。我还是有几个系列比较感兴趣的，一个是小空间，一个是共享的新的生活方式，就是打破传统生活方式的新的模式，第三个就是刚才说的控制和失控。

李翔：类似开放式的设计。

青山周平：对，这种也是比较感兴趣的。还有一些立体街区这样的设计，把城市和建筑结合在一起的，也感兴趣。可能这几个我喜欢的东西是并存的。选择项目的时候会自然而然地选择这样的，或者是把这几点结合在一起。

李翔：它们之间应该是有逻辑关系的吧？

青山周平：相对独立，但还是有关系。比如盒子空间。

李翔：小空间必然就会对共享的要求高一些，类似于这样，是吗？

青山周平：对。还有可能做那个空间的时候结合一些开放的理念，比如说住的人可以自己安装盒子，自己做的盒子，而不是按照我的设计图让专业的人施工，然后给他住。这是希望让他们参与到完成这个空间的过程中。也是放弃一部分的传统建筑师的工作，让他们可以参与。有点像居民参与。现在很多日本的建筑师做设计的时候，会让当地的居民参与进来，一起做工作坊，一起做设计，这是最近比较流行的做法。

为什么要做这样子的尝试？是要让大家感觉到这个房子是他们的房子，不然他们觉得这是别人给我做的，跟我是没有关系的。这其实也是刚才讲的，放弃建筑师控制的一部分。为什么要放弃？是因为放弃之后有更好的效果。如果放弃之后更不好的话，就不会放弃了。

李翔：大部分建筑师会把大型的公共建筑作为自己的作品，这条路线还适合今天的建筑师吗？像你之前讲的，在日本大学的建筑系，老师已经不再让学生思考新的美术馆是什么样子了。

青山周平：还是有做大型公共建筑的机会的，尤其是中国，现在还是有的。当然我也要做大型。一定规模的文化建筑，还是在建筑学里面有比较重要的位置。

李翔：像建筑师的勋章？

青山周平：虽然在变化，但它还是处于一个比较重要的位置。

李翔：大型的公共建筑，尤其是带有文化性质的，跟日常使用的距离是比较远的，会吗？它更像是仪式性质的？

青山周平：这个就是在改变的，而且我也比较喜欢通过这样的方式去突破传统。比如我们要做美术馆，传统的比较典型的美术馆是一个相对比较独立的、跟人们的日常生活没有关系的、偶尔去的时候让人感受一下“哇”的那种空间，跟日常的生活是隔开的那种感觉。现在时代的美术馆不一定是这样的地方，有可能是吃饭的地方、有教育功能的地方、喝咖啡的地方，是和平常的生活可以更融合的一个空间。这样理解现在时代的美术馆，建筑会有一些突破。所以自然而然会出现一个新的模式。

通过这样的方式来打破常规的美术馆设计，是我比较感兴趣的一个手法，而不是说它的外观这样很酷。

但是我觉得每个建筑师有不一样的方向，所以不是说别人的不好、别人的怎么样，只是我个人相对喜欢以这样的方式去打破常规状态，喜欢通过自己的观察，找到一些现在时代需要的新的氛围、新的需求、新的功能，通过把建筑跟这些方面结合，打破常规的东西。

跟业主打交道

李翔：你跟业主打交道时是什么样子的？业主跟建筑师一直是比较好玩的一种关系，是吗？

青山周平：我还是相对紧张。

李翔：跟业主？

青山周平：嗯。因为我会担心我做的设计他是不是认可。我个人是比较担心的，没有那么放松的感觉。

李翔：你的风格是你说服他的成分更浓一点，还是倾听他的需求这种成分更浓一点？

青山周平：我也不是说服。第一次见面的时候他会说很多需求，这个时候我会按照我的方式去理解他说的那些东西，然后按照我的方式去做，他满意，说好——有时候不满意，但是大部分的时候他是满意的。

但如果我只是按照他具体说的一二三四五六七，为了满足这些东西做一个设计给他看，一般他都不太会满意的。也就是需要按照我的方式去理解，但他觉得这是他想要的。我想找这种东西。去听他的一些特别具体的、可以通过语言表达的输出，我觉得不是特别重要，重要的是怎么样抓住他没有办法通过语言来表达的、内心想要的氛围和状态。

很多时候我喜欢说——也是以前一位意大利建筑师说的——好的设计像送礼物一样，送礼物不可能问对方你要什么。当然也可以问，但是问了之后，送给你，你开心可能也开心，但是不会感到惊讶或者感动。突然收到你自己没有想过要的，但确实是你想要的礼物，这个时候就会感动了。

我觉得设计还是要有这样一个感觉。

李翔：你会挑业主吗？你喜欢哪种类型的业主？或者说偏好更多？

青山周平：可能更多的是挑项目。如果是好的项目，不喜欢的业主也要打交道的。

李翔：什么样的项目是好项目，或者这个阶段是你想做的？

青山周平：因为之前室内设计和改造设计已经做了比较多了，所以目前来说比较想做的是独立建筑和可以新建的项目。

室内设计最近相对接得少一些，主要是看业主和项目；改造的话要看原来建筑的状态。所以独立建筑方面，我们接的话门槛会低一些，接改造和室内设计的会更挑一些。

李翔：建筑师认为哪种类型的要求是明确可以归类为无理

要求的？

青山周平：这个没有，很多时候越奇怪的要求越有意思。我觉得没有无理的要求，建筑师还是相对比较灵活的，是在奇怪的要求当中找到一个有趣的点这样一个性格。

李翔：你接到过什么当时看到觉得比较奇怪的要求吗？

青山周平：比如说有的改造项目的要求，跟整体的设计，还有原来房间的格局，是有一点矛盾的。还有一些我喜欢的东西他不喜欢，这是纯粹的个人的感觉，这个其实是很难沟通的。政府的项目有时候也比较难沟通，因为他们判断的逻辑跟建筑的好不好、设计的好不好，不是一个层面上的事情。

李翔：就是有在建筑本身之外的其他要求。

青山周平：嗯。

李翔：日本的建筑和设计会有类似于风水方面的要求吗？

青山周平：一般没有。

李翔：你懂吗？

青山周平：我不懂。我觉得有一些是有逻辑的，有一些感觉是已经过时的逻辑。比如北京的位置，后面有山，前方开阔，过去的环境下，是很理想的地理环境。但是在有雾霾的时代，这个地理特征就变成了一个负面的特征[①]。

---

① 指北京的特殊地形导致来自南部地区的污染物容易进入，却不容易散去。北京的空气污染也经常出现“南重北轻”的情况。

选择项目和满足要求

李翔：在对你的作品的反馈里，有哪些是你觉得很不可以接受的，觉得没有说到点子上的？你的项目里面反馈最强烈的是苏州那个项目，还是盒子社区，还是其他哪一个？

青山周平：苏州那个项目反馈相对比较强烈。我比较在意的是，有时候会看到一些信息说，他很著名，但是他的作品不行，类似这样的感觉。但其实我也可以接受，因为我觉得也是有道理的。而且，我觉得现在我的作品还是在变得更好。

李翔：但是这些反馈也是泛泛而谈，不是具体地针对你的设计的某一个方面。

青山周平：作品当然会有。因为有新作品的话，我会把这个作品的信息整理了发到微博和其他各种媒体上给大家看。我会看他们的评论，有时候也会看到比较负面的意见。这个是你没有办法的。

李翔：当你开始做一个项目设计的时候，你考虑的所有因素，它们的排序或者权重会是什么？比如你自己对作品的追求、业主的状态、跟周围环境的融合等。

青山周平：我觉得最重要的还是找到一个建筑的形式，这个形式能解决所有的要求。找到一个状态、找到一个模糊的样子，就是要通过前面说的随便做的很多模型来找到感觉。在这么多的内容里面，我判断这个感觉是有一个可能性的，当我把它挑出来的时候，其实就已经包含了或者是这次项目周围环境的特点，或者是甲方想要的感觉，或者是现在的时代我应该做什么。它已经是一个相对比较自然、可以满足很多条件的东西。所以它们没有特别多的权重顺序，当我选择一个方向的时候，它已经在满足刚才说的一些条件。

李翔：你有负面清单吗，类似于如果是什么，我就一定不做?

青山周平：样板间什么的我一般不做。我要做的是一个生活空间的设计，但实际上样板间的目的不是为了生活，是为了让人买房子。

李翔：是销售目的。

青山周平：对，做设计的目的和实际使用的目的有点矛盾，所以不太做。私人住宅的装修设计，我们对外说的是不做的。但实际上有些比较突出的项目还是在做。比如我们现在也在做一个 30 平方米左右的胡同房子的改造，这是纯因为感兴趣而做的，没有太多的费用。它就是一个普通的家庭的住房。

另外的，比如有些明星、名人的，我们还是偶尔在做。这个可能更多是为了……（想了一下）为了什么我也不知道。（笑）

李翔：广告效果？

青山周平：但是后面也没有说到过。所以为了什么。（笑）其实和他们也没有什么实际的关系，我也不会跟别人说，或者跟媒体说我做了他的房子的设计。可能是了解一下平时不怎么打交道的人的生活。（笑）

李翔：研究一下人类，是吗？（笑）

青山周平：当然如果做好的话，有可能会变成朋友，也挺好。

要有余地做不赚钱但有意义的项目

李翔：你前面提到的比较突出的项目，这种突出指的是什么？比如像30平方米的胡同住宅的项目，吸引你的点在于什么？小？

青山周平：小，以及它是在胡同里面做老房子的改造。我觉得这是对社会比较重要的一个话题。业主小时候生活在这个院子里面——不能叫院子，因为其实很小，小时候生活在这个地方。等他开始工作、结婚、有了孩子，就没有办法继续生活在这个地方，所以就在通州买了一个公寓。但是现在他希望回到自己长大的这个院子里，如果是他们三个人生活，就需要做一个改造，不然的话没办法生活。这是特别典型的北京人的需求。如果城市没有办法满足这样的需求的话，这个城市我觉得是不好的。从建筑师的角度需要考虑这样的一个课题。我从这个角度，觉得这是有价值的。

李翔：他是怎么找到你的？

青山周平：是一个开发商的工作人员，见过的。这个基本上是完全没有赚钱的公益性的项目。

李翔：像这种小的项目，如果是一个广泛出现的需求，有没有可能通过商业化的标准化方式来满足？比如 30 平方米就这么改造就可以。

青山周平：设计肯定不能用商业化的方式来做。它其实是很难的。这个项目也是刚刚开始的时候想得更理想一点，后来发现还是比较现实的。比如甲方有特别现实的需求和成本控制的需求，现在还在做。

李翔：我的意思是说，这种需求不可能总是通过一个建筑师本着公益的信条来满足吧？

青山周平：不应该。公益是对我而言。比如这个项目是 5 万块钱的设计费，如果是一两个年轻建筑师的工作室，5 万块钱可能还好。但是对我们这种 30 个人规模的工作室来说，收 5 万块其实是不合算的。所以从经济上考虑的话，它是没有太多的收益的，甚至不是没有太多，经济上完全是没有意义的。

但我觉得还是需要做这些东西的。换句话说，我希望我有这样的余地，可以做跟赚钱，或者跟维持工作室运营没有关系的事情。

比如我们现在做的盒子社区，也是由我们和原本的业主一起合作，投资做一个公司，做接下来社区的延展和发展。这个跟赚钱没关系。包括今年我们自己也想做一个胡同里面的、年轻人一起生活的共享社区的项目。就是我们自己租房子，自己做设计，后面自己也参与运营的一个模式。这个项目其实也不会赚钱，就是想做。包括也准备做一些家具的系列，也是这样。因为有这种看起来没有太多钱赚的项目，所以需要通过一些别的方式来赚钱。反正就是希望自己有这样的余地来做这些事情。

李翔：家具的项目，包括盒子社区、共享社区，都是不赚钱的项目吗？

青山周平：如果特别商业化的话，可能会有钱赚。比如盒子社区，完全可以做商业化，比如出去找资本进来。但我们的目的不是这个，所以不会变成那样的一个状态。包括家具也可以走这个路线，但我们的路线不是这个。

李翔：盒子社区，包括你前面讲的自己重度参与运营的共享社区，你是把它们当成作品来做的吗？是你的理念要落地的项目？

青山周平：也是作品，也是社会实验，也是理念的东西。是接下来应该一直会持续做的一个项目。

李翔：盒子社区是你被报道最多的项目吗？只要提到你，都会提这个项目。

青山周平：有可能。很多建筑师的作品是比较小范围的，比如北京两千万人，谁会关注建筑师的作品？因为这跟普通老百姓的生活没有太多的关系。但是年轻人的新的生活方式、新的住宅，是跟所有人都有关系的。所以那个项目不仅仅在建筑行业的媒体上出现，也被很多生活方式的媒体介绍，我也被很多跟设计没有关系的媒体提到。它跟社会接触的面比一个好看的建筑作品要宽很多，跟建筑有关，跟室内设计有关，跟家具行业有关，跟人文和社会有关，所以被报道或者介绍得多一些。

李翔：它的反馈基本都是正面的吗？有负面反馈吗？

青山周平：其实负面的反馈是少的，更多的负面反馈是对小盒子里面生活的不方便性的反馈，比如我不想住在这样的没有隐私的地方，或者太闷了、太小了之类的。

李翔：但这种反馈不是真正的住户给出的反馈，而是互联网上给出的反馈？

青山周平：对，是看到作品的人的反馈，不是住户的反馈。住在这个社区里面的人，肯定是喜欢这个感觉所以才来的。他们的反馈是更实际一点的，比如晾衣服的地方怎么样，或者空调怎么样，里面的布局怎么样。

李翔：包括你刚才讲，要在北京的胡同里面做共享社区，它的目的也不是从商业出发的吗？

青山周平：也是社会实验，提出新的生活模式。因为四合院原来是一个家族生活的地方，那个时代家庭的单位和住宅建筑的单位是一致的，就是一个院子一个家庭。但是现在已经没有那样的一个家庭住在一个院子里了。现在年轻人变成一个人一个人住，一间屋子变成一个家庭。其实是在北京老城区的传统建筑当中，出现了一个新的居住模式。同时它要平衡商业的逻辑，会有一些商业的功能，喝咖啡啊，做活动啊，这些。

所以是想探索一个商业的逻辑、城市建筑，以及现在人们生活方式的变化，三个方面都说得通的系统。

李翔：像你讲的自己感兴趣的几个建筑的方向，包括小空间、共享、失控或开放的社区、立体空间，有没有业主开始的时候就非常认同，并且想要做这样的东西，找到你的？还是全部都需要你找一个机会把这个理念落地？

青山周平：有时候业主方会有一些具体的感觉，比如立体街区的感觉，年轻人共享的、活跃的气氛。比较明显的是小空间，当然是他的房子很小，需要一些小空间的想法，会直接说。但是比如这种失控的感觉，他们一般不太会愿意。他们找我不会是为了让我失控地做这个设计。（笑）

李翔：你自己前面也在感慨，做的项目都是不赚钱的项目。

青山周平：所以还是要做一个又赚钱又好的项目，但这是比较难的。一般来说，好的项目不太赚钱，比较容易赚钱的项目就不好玩。

李翔：你会控制这个比例吗？

青山周平：我不会特别故意去控制。目前的情况是，我不会特别担心运营的成本，担心做不下去，因为我不管公司具体运营的部分，我不知道具体这个月收入多少钱。我知道的是，我不用特别在乎这个事情的状态，对我来说是很重要的。所以我不会特别刻意去在乎这个项目是为了赚钱，或者这个项目是为了什么。

李翔：你会希望自己成为那种建筑师吗？有点类似于之前我们讨论的明星建筑师，就是有点英雄主义的建筑师，个人的姿态很强烈，无论是要引领也好，还是对抗也好。

青山周平：还是有这样的欲望吧。比如说获得比较著名的一些奖项。还是希望自己和自己的作品被这种大家认可的平台认可。

矛盾和不能太舒服的状态

李翔：比较适合一个建筑师成长出来的环境应该是什么样子的？有很多房子要盖的大兴土木的年代？

青山周平：其实有很多人讨论，比如说日本泡沫经济的时代，20 世纪 80 年代特别疯狂地发展、建房子、拆房子的时代，回过头来看，反而没有太多的好的作品出来。而之后没有太多的建筑在建、看上去没有事情做的时代，反而有新的想法和新的思考出来。所以也有这样的一个说法，至少日本的建筑历史里面，这是一种得到认可的看法，包括隈研吾，包括伊东丰雄，他们自己写，回过头看自己作品历史的时候，认为没有那么多项目的那段时间是比较重要的。

我觉得还是社会有各种矛盾的时候，比如说城市的快速发展和人们的生活呈现一些矛盾，或者经济的发展和自然环境产生矛盾，老建筑、老街区、老城市和经济发展产生矛盾。我觉得这种矛盾是建筑师需要的。其实跟其他的艺术一样，特别完美的、舒服的环境，很难有一个突破性的创造或者创意。当然我没有特别多的依据，只能说是我的一个感受。

李翔：现在算是这样的时候吗？

青山周平：我觉得算吧。其实有可能现在的环境比之前还好一点。

李翔：是吗？

青山周平：对，大家的生存状态挺好的，有一些商业的室内设计师有大量的项目。如果不用考虑太多，你可以做很多项目，其实特别能赚钱。

李翔：对于你自己而言，什么样的状态是你觉得比较能出作品的？

青山周平：可能是我在感觉上不太舒服的状态。突破性的想法，或者突破性的作品，不能从很舒服的状态中出来，还是一定要有一种不稳定的，或者奇怪的、不同的状态。所以怎么样营造这样的状态，我觉得是比较重要的。

李翔：你是觉得自己现在太舒服了吗？（笑）

青山周平：现在我不是太舒服的状态。（笑）舒服的意思是，我知道接下来会发生什么，然后知道该怎么做。我不知道接下来该怎么做，我很担心这个项目能不能突破，这种状态我觉得是创意产生的比较前提的条件。

舒服就是知道你的范围。比如我精确地知道是这个范围，我要做的事情是在我能把握和控制的范围内，所以我可以是舒服的。如果超过这个范围，其实一定程度上要紧张、着急和担心的。

李翔：就是它可能是会有一点点风险的。

青山周平：嗯。

李翔：包括我们开始聊到，你发现你的每一次选择都是要承担某种风险的。

青山周平：嗯，回过头来看是这样的。

李翔：但是当时没有意识到?

青山周平：对，当时没有。

让·努维尔和库哈斯

李翔：哪些在世的建筑师是你格外关注的，包括他的作品和言论？

青山周平：只是作品的话，我比较喜欢让·努维尔[①]，他的作品是我没有办法做的那种，是特别艺术化、特别个性化的一种创造，非常有艺术家的创造力。让人感觉不是刻意做的东西，而是有点像喝了一杯红酒放松下来之后的创意，带有一种跳跃性的创造力。那是我没有的，所以我很佩服。

库哈斯现在也一直在提出一些比较敏锐的观点。他原来是一个记者，所以他对世界的理解，对政治、社会、时代的理解还是很敏锐的。更多的是他的语言，或者他关注的东西在影响我。

李翔：如果让你跟他们交流的话，你会问他们什么问题？

青山周平：库哈斯的话，会问他最近研究的是什么，感兴

---

① Jean Nouvel，法国知名建筑师，2008 年普利兹克建筑奖得主，也是法兰西学院院士。

趣的是什么。

李翔：他最近几年的兴趣应该是研究乡村吧？

青山周平：他做了乡村的展览[1]，那也是我感兴趣的点。

我对让·努维尔感兴趣的是，他在做很多项目，而且是跟很多同事一起做的，但是那种特别个性化的审美其实是很难复制的，因为审美很难传达给另一个人。

如果是一个比较逻辑性的、系统性的想法，不难传达给别人，让别人也可以做，这样你的事务所可以做到一个总体的控制，但是那种特别个性化的、艺术化的风格，是怎么让同事们做到的？这其实是比较难的。

让·努维尔有一种亚洲人没办法拥有的感觉——他骨子里面的法国性，他把这变成了他的作品中整体的氛围。

---

① 指库哈斯 2020 年在纽约古根海姆博物馆做的“乡村 · 未来”展览，他希望探讨非城市地区面对的环境和社会变革。

疫情会改变建筑吗

李翔：你觉得疫情持续这么长时间，会改变很多建筑师对以往建筑的理解吗？

青山周平：我觉得还是有的，从比较深层的部分到比较表面的一些风格上的改变，都是很明显的。一个是对户外空间的重视。之前建筑师是不太关注户外空间的，更关注建筑本身和它的室内。但是最近的很多作品都特别积极地去结合户外的空间，比如会做很大的、外摆的户外空间，这其实跟疫情导致的人们心情的变化有关。

另外一个对我来说更大的影响是，疫情加速了生活方式的虚拟化。比如在线开会、上课、购物、外卖，这些东西之前都存在，但是被疫情加速了很多，进而会影响建筑的功能性。就像现在很多人不用上班，很多美国的公司已经永久性在家上班或者远程上班，这时候办公室的空间就不再是工作的场地了。过去大家在工位上完成一些目的性强的工作内容，但现在这个功能已经可以在咖啡厅、在家实现了。而办公室的功能可能更多的是交流，吃饭啊，喝酒啊，这些没有办法用电脑线上完成的部分。那这个办公室的设计一定有很大的改变。

包括学校，过去的学校，教室是最重要的，未来的学校就不一定是教室了，因为教室是可以被替代的。那走廊、体育馆，或者公园，这些空间有可能就是更重要的，会在里面发生一些没有办法通过上课实现的偶然性的交流。所以这也是革命性的，会改变学校的建筑。

这是现在在发生的大的改变，就是可以信息化的体验和不能信息化的体验分开，建筑越来越强调没有办法信息化的体验这个部分。这是被疫情加速的一点。

李翔：疫情会改变你对盒子社区、共享空间的理解吗？因为感觉疫情更强调疏离感了。

青山周平：我觉得不是的。表面上来看，这种共享社区在疫情下比较危险，但其实在日本隔离时，包括在中国隔离时，出现的情况是，一个人生活其实是很难的。如果家庭中有三四个人还好，但是一个人自己在家里隔离 21 天，是有很大的问题的。

所以需要做的是有一定门槛的社群。共享社区其实不是很大，它是几十个人组成的新的家庭。家庭是一个安全的人的群体，社区也是一个安全的人的群体。但不是说没有门槛、随便可以有人来回的。

所以共享社区表面上看起来在疫情期间是比较危险的，但实际上它是安全的，并且被需要的。它可以解决现在很多人一个人生活的局限，我是这样理解的。

作品

李翔：你会建议我们去看你的哪些作品，更能帮助大家理解你的？

青山周平：阿那亚有一个唐舍酒店。它有一些共享的概念，有空间的高低错落的探索和立体街区的概念，有小空间的概念。而且它是从建筑到设计一起做的，相对比较完整。

李翔：这是哪一年的作品？

青山周平：去年的。2021 年。

还有泉州的盒子社区，虽然还在新建的状态，但我觉得是很有意思的，能看到另外一个空间的状态。

杭州天目里的“失物招领”。虽然只是一个小的室内设计，但它的完成度很好。它有一个木头的墙面，表达的是人和自然的一种关系。都是老木头，每块木头都是不一样的状态。它的层次、它的颜色，以及变形的程度都不一样。我们没有办法把它按照我们的逻辑来做设计，所以就根据每个木头的特点，决定它应该放在哪个地方。这些木头不是标准的状态，不是按照我们要的厚度、层次，把它切成我们想要的效果，这样的话，会是人在上面、木头在下面的一个感觉。失物招领的墙面，人和木头是协作的状态，木头的不同特点或者性格得到了人的尊重。

还有上海建国西路的 % Arabica 咖啡店，也是相对整体的。它很小，但是跟城市街道的结合，跟开放的街区的关系，也就是小空间和城市的关系，我觉得还是做得比较成功的。

其实每个项目都有一些话题，但是有些项目比如说施工的质量，还有运营的状态，会有一些不可控的部分。

李翔：所以还是要求可控的，最好是自己施工，自己运营。(笑)

青山周平：嗯。传统的建筑师只是一个服务商的角色，这样子的话其实是没有特别多的责任，只是给别人做一个设计，做完之后就结束跟建筑的关系。现在日本一些年轻的建筑师，为了保证最后的效果，其实是慢慢开始做自己的空间，运营自己的空间，通过这样的方式来改变当地的一些社会环境。他们觉得，只是建房子已经没有办法改变社会环境。

李翔：有点类似于你要做的胡同里面的共享空间的感觉？

青山周平：是的。为什么建筑师自己开始运营自己的空间？因为建筑越来越变成一个产品，变成一个生意，但有些住宅不应该是产品，而应该是一个生活的空间。我是这样的一个想法。

李翔：这种生活空间，有没有可能生成一个系统性的解决方案？不可能每个空间都找建筑师做吧？也没有那么多建筑师。

青山周平：这个我觉得是从两个不同的角度去解决一个问题。比如有些建筑师在研发一些系统，用人工智能技术，很快可以给你做一个方案。我觉得还是每个人从不一样的角度去探索这个问题。

李翔：像你选择的方式只能是满足有限人的需求。

青山周平：对，少部分的。不太会像是开发一个 App（应用软件）一样，大范围地改变绝大部分人的生活。包括盒子社区，也不是说要改变整个的年轻人群体的生活，更多的是希望提供新的可能性，提供另外一个看法。我觉得这是设计的一个价值吧。

现在社会上很多时候的大规模意见，会让你觉得不舒服，给你压抑的感觉。比如住宅一定要这样，或者一定要那样，反正有很多这样的思维模式或者理解。设计的价值就是提供另外一个可能性，可以这样子，也可以那样子，可以给社会一些自由的选择。这是我希望能提供的。

李翔：你会排斥盒子社区的大规模复制吗？

青山周平：大规模是没问题的，但我觉得还是要控制，因为它不是放盒子就可以成立的。它应该有比较合理的空间设计和比较好的营造与运营这个空间的人，不是把盒子直接放进去就好。这是我会担心的。

李翔：可能因为社区基本上都是个性化的，会遇到自己特有的问题并且需要去解决。

青山周平：但设计本身是可以复制的，或者说它的逻辑是可以复制的。就是把城市当中留下来的废弃空间，通过比较简单的改造，变成一个年轻人的社区。它的项目理念里，已经有这种可以快速复制的价值。现在也有很多人找我们讨论，能不能复制做新的项目。

建筑师的多重角色

李翔：我问一个大的问题。对建筑师而言，一个项目从创意到落地，分为哪些环节？这些环节里面，哪些是需要建筑师本人，比如你本人重度参与的？

青山周平：我觉得建筑师这个职业的特点是，在项目的整个流程当中，他不断要换角色。

比如说开始谈项目的时候，可能跟商人或者公司的销售经理一样，他要聊合同、谈价格，关心能不能拿到这个项目。

确定我们要做这个项目了，那就要进入做创意的阶段。这个阶段我经常说，就是生孩子的那种感觉。它是一个创意诞生的阶段。建筑有几千年的历史，世界上那么多建筑师，几千年来几乎每天都在做新的项目、产生新的创意，那能不能做出一个新的东西，别人没有做过的东西？所以一个是不能重复自己，另一个是要在建筑的历史里面去创新。这个阶段就是一个偏艺术家的阶段。创意诞生，有时候是一天就出来了，甚至看场地的时候就已经有了一个好的想法。但有的项目就是连续几个星期创意一直没有出来，直到某一天在某一个瞬间产生，就是这样一个感觉。

有了创意之后，又换了一个角色，因为从有了创意到最终做成一个建筑的空间，在这个过程当中，要解决很多很多细节的问题，是比较像工程师的一个感觉，这是优化的阶段。很多相互矛盾的条件、规范、成本，去结合原来的创意，是一个不断调整、不断优化的过程，要采取一种有点像工科的思维方式。这就像是把一个孩子养到 18 岁的过程。

这个阶段结束之后，开始施工。施工的时候就要跑工地、看材料、跟施工方沟通。施工方又是另外一个类型的人群，跟我们平时常打交道的类型不同，那可能我们的沟通方式、我们的状态也会变，我们的衣服也会换。

结束之后，我们要整理作品，会请摄影师拍摄，可能是图片，也可能是视频，把作品的信息整理出来，发表在一个媒体上，然后可能会报名一些奖项。这个阶段有点像媒体人的角色。

我觉得是这样的一个旅程，每个阶段的思维方式和建筑师个人表现出的特点都不一样。

李翔：你本人这五个阶段都需要参与吗？

青山周平：都需要，整个过程我都会参与。但对我来说，压力最大的还是开始的创意的部分。因为后面的过程是比较有逻辑性的，是一个可能性的选择问题，也会有其他人来帮你。

而前面创意阶段完全是靠建筑师自己。

我们项目的创意，一种是我自己有比较明确的想法，有可能我第一次去场地的时候，已经有那样的感觉，另一种是有可能在后面跟同事沟通的过程中，产生出一个明确的想法。每次的创意我都是要跟同事们讨论的。这个过程中他们会做很多东西，这里面会碰到我本来有的，但是处于一种模糊状态的东西，我会说"这个可以"，或者是"这个和这个结合在一起试试"。

前面也说过，我最近比较喜欢的方式是做模型，强制性地让大家做模型。我觉得还是放在一起大家讨论，会有更好的效果。

李翔：这个过程中，妥协比较多的部分，会发生在哪个步骤、哪个环节里面？

青山周平：我觉得还是优化的部分，就是我们有了一个创意，把创意画成施工图的过程。

但这也分项目，比如说一些室内设计的项目，涉及的问题相对比较少。但对于比较大的建筑，规范上会涉及挺多的问题。怎么样把这个创意做成一个符合规范的结构，会有很多要解决的。

最麻烦的一般是消防的问题。我觉得建筑师都有这个感觉，永远是消防规范的问题，让建筑师从前期比较纯粹的状态，慢慢变成了一个现实的状态。当然想成为好的建筑师，就是要坚持把这些矛盾的东西落地到比较完整的一个状态。解决方案还是很多的，如果不坚持，中间放弃，就这样吧，就会影响整体的结果。

李翔：大部分的问题还是可以通过不断地谈判和交流来解决的？

李翔：对。但规范方面就不是交流了，因为已经有了规定，是满足规定的问题。

（青山拿起一个模型，是仍然处在优化阶段的一个立体建筑商业项目，位于嘉兴。这个项目由19个盒子组成，每个盒子都使用不一样的材料，希望借助立体建筑的方式，在建筑中做出街区的感觉[①]。）

举个简单的例子，几层楼的房子解决疏散的问题，要加楼梯，但楼梯加在哪里、怎么加，其实是另外一个问题。这就是一个可以用好一点的方式解决，也可以用不好一点的方式解决的问题。

① 参见附录图片“嘉兴立体建筑模型”。

主题和关键词

李翔：我看到你的很多作品，其实每一个都有一个主题，或者说关键的概念。比如说，阿那亚的单向街书店是“孤独”，北京隆福寺的木木艺术社区，是“让人能够在城市里安静地看一幅画”。这样的主题是怎么确定下来的？

青山周平：这些主题的确定是在两个时间段。一个时间段是我们创意的阶段，概念设计的时候，做创意解释的时候，会有这样一个关键词，或者一个主题方向。

另外一个时间段是项目做完之后，整理这个项目的时候，会重新看整个的流程，有可能出现这样的关键词或主题。

李翔：如果是这样的话，创意阶段和最后总结整理的阶段，会产生不同的关键词或主题吗？

青山周平：有可能会。

李翔：在你们的作品里会有这样的情况出现吗？

青山周平：会。比如说杭州失物招领这个项目，我们用很多老木头做墙体，开始有这样的创意时，更多是觉得可以做出很好看的效果，更多是从视觉效果来考量这个墙体。但是在这个项目结束之后，整理项目的时候，我们会把这个项目和其他项目，比如木木艺术社区的金属板墙面，以及另外一个阿那亚项目味从山海的混凝土结构，联系起来，这个时候，那个木头墙面会有另外一个逻辑出现。那我们就从这样的方向去整理这个墙体的意义[①]。

李翔：所以还是有意外的，也就是开始设计的时候其实没有想到这个关键词。

青山周平：这肯定是有的。

李翔：关键词的确定，在创意里面很重要吗？

青山周平：其实我觉得关键词本身是不重要的，因为关键词最终只能用现在话语里存在的、我们可以用来沟通的词去表达。实际上创意是比较模糊的一个状态，为了表达，我可能只能选择相对比较合适的、比较容易理解的词。

我觉得可能写作者也是一样的，本来是模糊的、大概的感觉，努力写出来，成为文字之后，就变成了另外一个样子。当然我觉得关键词的力量还是有的。

李翔：创意阶段，在拿出这个创意之后，比如说在跟业主

① 木头和人的平等。

沟通的时候，需要讲这个关键词吗？比如需不需要告诉对方，我的设计的主题是孤独，或者告诉对方，这个美术馆设计出来，是为了可以让人们在城市里安静地看一幅画？

青山周平： 如果有这样的词，大家会马上进入一个比较具体的沟通的状态，所以最好是有的。

李翔： 在你的作品里，刚才我们讲的两种情况，一种是创意阶段提炼出关键词，另一种是整理项目、要和大众沟通时归纳出关键词，哪种更多？

青山周平： 大概的方向和想法，是创意阶段确定好的。但是最后整理的时候，有可能和其他项目联系起来讲，会更宏观一点。因为前面可能更多的是针对具体的某个项目和这个项目的甲方去做创意的状态，最后整理的时候，更多的是把这个项目和项目的创意放到我个人的作品中去做定位。包括为什么我们这次要这么做，为什么要做这样的设计、用这样的材料，要怎么定位在现在的社会当中，会更宏观一点，因为它要发表出来给大家看。

李翔： 给业主做提案时讲的那套语言，和最后整理出来的那套语言，会差别很大吗？

青山周平： 有点像重叠的两种语言。业主不太关心这个设计在现在的建筑界有什么样的定位，在建筑历史上又是怎样的定位，所以我们不会从这个角度去讲，更多的是说这个项目这样做会怎么样，更具体到这个项目本身。后面对社会发表，更多的是要讲另外的逻辑。

材料的选择

李翔： 你在每个项目选择材料的时候，会有什么原则和方法吗？我看你的作品，感觉还是挺统一的？

青山周平： 挺统一的。首先我觉得所有的建筑师都有自己的审美和自己比较喜欢的东西，我比较喜欢的是一些自然的材料，表面没有过度加工的、亚光的材料。举个例子，石材有表面抛光得很亮的，也有表面比较自然、有质感、有凹凸感、亚光的。我会喜欢自然一点的、亚光的石材。

在这个基础上，每个项目选择的材料会从建筑本身的逻辑出发。因为从整个建筑的造型到室内的设计，再到一些材料的细节的选择，都有一些总体的逻辑在。比如说这个设计①，我们希望有一种随意的街区的感觉，而不是建筑师统一设计的感觉。这个街区是在这个地方自己存在的，是城市自己长出来的。我们现在在做的 19 个盒子，每一个都是不一样的材料。这个建筑的一层是对外的商业的功能，二层和三层是社区的功

① 指前文提到的嘉兴立体建筑模型。

能，所以一层选用的会是相对比较现代的、有商业氛围的材料，二层到四层选用的是木头和瓷砖这种有点亲近感和生活感的材料。材料怎么选择和怎么用，是和这个建筑核心的概念有关的，细节的选择也是一样。

举一个特别细节的例子。楼板和盒子之间，如果按常见的做法，结构上会是咬合的关系。但我们不想这样，我们希望楼板和盒子之间像模型表现的那样，是分离的、有层次的关系。这是结构的具体选择。

所以这种结构的选择也好，材料的选择也好，都是和这个建筑最主要的理念有关的。怎样坚持把主要的概念贯穿到各种判断、各种选择里，我觉得是很重要的。因为每天都要做判断，比如消防怎么做、材料怎么选、砖是什么颜色。

盒子是建筑最纯粹的形式

李翔：你为什么这么喜欢用盒子这个元素呢？我看到你的很多作品里面都有盒子，包括我们刚刚谈到的那个作品也是。

青山周平：我比较关心的不是造型本身，而是空间里面的人和人的关系。我的项目里也会有一些很不同的造型出现，比如说味从山海。但我关心的点可能不是这个造型本身怎么样，这是一个相对表面的东西。我关心的是更抽象的部分，是这个空间里面的关系，或者说逻辑。我想创新的部分不是造型本身，可能是更深层的部分。

日语里有一个词 katachi，是“形”的意思。之前有一个建筑师把 katachi 这个词拆开，一层一层地递进，ka–ta–chi，通过这种方式把建筑分成几个不同的层次。katachi 是我们看得见的部分，是形状；kata 是形式；ka 是逻辑。实际上是没有这样的日语的，但是他用这样的方式来表达建筑的不同层次。这个盒子是圆的还是异形的，是我们看得见的部分。但我比较感兴趣的部分，跟这是圆的还是方的没有关系。我想做创新的是 kata 这个层次，而不是最外层的 katachi。所以我可能用得比较多的是这种简单的盒子的形式。

李翔：所以这是三个层次，最内一层是逻辑，中间一层是形式，最外一层是造型、形状。你是从什么时候开始用盒子的？

青山周平：之前我在北京工作的公司[①]，建筑师也经常使用盒子的形式，可能有这个影响。但其实我个人也是这样的性格。日本的建筑师很多时候做出的造型比较简单，因为他们在乎的，不是最后要做出来一个造型的创新，而更多是逻辑关系或者新形式的部分，有可能复杂的造型反倒会打扰这个纯粹的形式。

李翔：盒子这个形式对你而言意味着什么？它是你的主要建筑语言吗？

青山周平：应该不是。如果盒子是我的建筑语言的话，盒子的造型本身对我来说应该感觉很重要。但事实上对我来说，它就是建筑最纯粹的一个状态，是没有被过度改变的一个状态。

比如说在几何学里，圆是最纯粹的一个状态，但对建筑来说，圆不一定是纯粹的。它画起来简单，但是施工的时候比较

① 指 SAKO 建筑设计工社。

麻烦。在建筑的世界里面，盒子本身无论使用也好、施工也好，都是最纯粹的。

我想表达的更多是形式上的创新或者逻辑上的创新，而不是造型上的创新，因此我没必要为我的空间添加额外的新的逻辑，它反而会打乱整个逻辑。

杭州失物招领

李翔：我们前面聊过，杭州天目里的失物招领，有一面木头展示墙，你很喜欢。这个创意来自什么地方？

青山周平：在那个项目开始之前，我已经有了用一些老的木头做东西的想法，然后正好有那个项目，也去了他们的工厂库房，看到了那些木头，觉得这次应该可以用到这个想法。但是后面的一些具体的事情和做法，是在那个项目开始之后，具体再去想的。

李翔：这面墙里，每一根木头都要找它自己的合适的位置，这样的做法，是在现场决定的，还是在创意阶段就有的？

青山周平：创意的时候没有想这么多。创意的时候只是想到，这些老木头整个堆起来做一个展示的空间，是很震撼的。后来我们优化设计的时候，要考虑怎么样施工，怎么样画图纸，才发现，这面视觉墙没办法画图纸，没办法做施工图。那怎么办？这个时候就想到，只能建筑师到现场去做。这个地方其实更多是一种理工科的思维，有问题就解决问题。然后确实是去现场跟施工方一起施工，跟工人师傅一起完成的。

整个项目做完之后，整理的时候，会思考这个事情本身在现在的世界和社会的语境里表达的话，会是什么样的价值。这样想的话，它的木头和人的关系，好像和我们平时做工业设计的方式不同。常规的情况是我们画施工图，把木板按照我们想要的形状去做改变，但在这个项目里，人和木头是平等的关系。放在现在的世界的语境里——对环境的可持续更加重视，重新定义人和自然的关系，在这样的语境里，这个小项目就是“人和自然是平等的”这样一个概念。

李翔：失物招领的关键词是“家”，这是建筑师和业主共同确定的吗？

青山周平：是我提出的概念，然后业主同意。

李翔：你做的两个失物招领的项目都延续了这个关键词，这也是你提出来的？

青山周平：对，因为已经做了一次，所以他们也了解我。

李翔：包括那两个核心的理念，自然肌理和手工工艺，也是建筑师提出来的吗？

青山周平：对。当然也不是我单方面的想法，所有的项目前期，甲方都会说他想要的东西、他想要的感觉，或者可能他们也会给我们一些案例和参考，给一些意向图。所以是在理解他们的需求之后提出来的东西，我不可能不听他们的想法，直接给出一个概念。其实也是共同找到一个感觉的状态。

李翔：是在你理解他们想要的感觉这个基础之上，提出的一个概念。

青山周平：对，所以说好的设计就是送礼物的感觉。送礼物需要你悄悄地理解对方，然后才可以做出一个有共同语言的选择。

李翔：像杭州的失物招领，我看到你的设计里面有展示区和活动分享区这样的分区设计，这是业主明确提出的需求吗？

青山周平：对，一般情况是这样的，但放在哪里，怎么做，是我们要思考的。

% Arabica 咖啡馆

李翔：上海建国西路的 % Arabica 咖啡馆，把室内空间和室外空间融合到一起的想法，是在创意阶段想到的吗？

青山周平：这个想法是第一天就有了。我第一次去看场地的时候，就已经有了大概的方向。

李翔：这个想法建立在什么基础上？其实胡同也是一个融合的环境，跟在胡同的经历有关吗？

青山周平：我觉得是建立在我整个人生的基础上。我在日本长大，日本的一些寺庙和传统建筑的室内室外的感觉就是这样。我在东京的街区看到的开放空间的设置是这样。我在巴黎看到的大家都在街道上喝咖啡的感觉也是这样。在我四十多年的人生当中，我比较喜欢的状态或者场景，所有的东西都会有一个映射。

李翔：你提出来之后，业主认同吗？它的空间本身就很小，五十平方米左右，还要让出一部分做室外。

青山周平：我比较了解 % Arabica，之前合作过几个项目。我了解他们的品牌和他们的商业模式，知道他们喜欢的东西，所以我才提出这样的一个概念。是因为有这样的前提。当然不会随便去跟业主讲一个创意。本来就是很小的空间，再“浪费”一部分到户外，一般的业主、一般的商业模式是不会愿意的。但以我对 % Arabica 和他们卖咖啡的逻辑的理解，这是成立的，而且是在建国西路那样的街区和那个位置。他们也马上同意了。

李翔：包括成都宽窄巷子的 % Arabica，中厅做水池的设计其实也是牺牲了商业化空间，完成一个设计的目的。

青山周平：也牺牲商业面积，但对他们的商业模式来说，其实没有太多的影响。有了那样的精神空间，其实对整个空间也是完全不一样的一个层次的提升。

李翔：% Arabica 的每家店都是请外面的建筑师来做的吗？

青山周平：对。不是说所有的店都是我们做的，我们现在在做的还有一个拉萨的门店。他们其他的店都是各地的建筑师在做。

李翔：比如像 % Arabica 这样的业主，会提出类似必须保持自己本身的设计特点这样的要求吗？

青山周平：% Arabica 的业主是相对比较突出的，因为他们自己有特别明确的个人的审美。一般的业主是让专业的人做专业的事，他们不会去管一些设计的细节的部分，而是让建筑师发挥。但 % Arabica 的业主有特别强烈的自己的审美，所以我们会按照他们的逻辑，或者说在他们的审美范围里面做一些创新。

李翔：对于建筑师而言，这两种类型的业主的委托，哪一种更容易出作品？

青山周平：这个不好说，在最终出作品方面没有特别大的区别。

改造和新建

李翔：北京白塔寺胡同的酒店项目、苏州的有熊文旅公寓、成都宽窄巷子的 % Arabica 旗舰店，都相当于老宅的改造项目，做这种老宅改造，有什么特别的挑战吗？

青山周平：做新的建筑和做老建筑的改造，我觉得还是很不一样的。新的建筑，因为没有现有的空间，尤其是在比如经济开发区这些新开发的地方做，没有周围的建筑，也没有历史人文的痕迹，我们很难从场地本身抽取灵感，可能更多的是我自己要去想把建筑放在场地是什么感觉，更多的是建筑师自己做主，去决定整个建筑的逻辑，然后放在这个场地。

如果是改造的话，因为这个地方已经有了建筑，它已经有了很多的故事和自己的东西，那其实更多是变成一个对话的状态。我要听这个建筑的意见，要想办法听到它想变成什么样子——如果我好好听的话，它会说它想变成什么样。是类似这样的感觉。所以其实是一种对话。这种对话有可能会让我改变想法，或者把我从我的常规逻辑中解放出来。

所以改造的有意思的点是，它没有办法只是按照我的逻辑去做，而是两者的对话。而且周边的建筑也会有很多不一样的东西，都需要建筑师根据这些来提供解决方案，所以整个会变得比较丰富，它不是一个人想出来的一个东西，是更多的、不同的主题在一起的感觉。

李翔：听老建筑的意见，其实就是老建筑本身会传递一些信息给你。

青山周平：当然它不会讲话，但是当我们改造这个空间的时候，我会感觉到这里应该是怎样的，我觉得这就是它的意见。它是一种对话，这是改造的时候最重要的。

李翔：新建挑战更大，还是改造挑战更大？

青山周平：一般来说改造挑战更大，改造不可控的条件会多一些。比如我们现在在福州做一个老建筑的改造，是酒店项目，限制会特别特别多，结构、隔音、防水，各种各样的问题都有。

李翔：对建筑师的成就感而言呢，是新建还是改造？

青山周平：我会说两个都有。但我现在的阶段还是更想做新建。因为改造过去做得更多一些，大家知道的项目也都是改造的项目。

李翔：改造如果挑战更大的话，业主付出的费用也会更多吗？

青山周平：有可能，这个费用包括具体的施工成本，也包括时间成本。有可能改造的这两个成本都会超过新建。

李翔：历史上有特别有名的改造项目吗？成为经典的这种。

青山周平：比如说，伦敦的泰特现代美术馆，是发电站改成美术馆。巴黎的奥赛美术馆，是车站改成美术馆。

李翔：相当于一个建筑的用途彻底被改变了？

青山周平：对。其实这个也在讨论，这些美术馆反而比原本为了做美术馆而做的美术馆更有一些空间上的优点。比如因为原本是发电站，所以建筑的中间会有看上去很奇怪的很高大的空间，但这个空间就变成了艺术家做展览的很好的场景。如果原本是为了做美术馆，可能就没有那样的一个空间①。

李翔：变成了另外一种作品。

青山周平：对。两者对话的时候可能会变成一个更好的状态。

---

① 泰特现代美术馆的建筑师赫尔佐格和德·梅隆在对其做改造时，充分利用了原本发电厂的构造。发电厂的涡轮车间被改造成了艺术品的展览空间。建筑师还保留了标志性的大烟囱，同时在烟囱上面搭建了由半透明玻璃制成的顶，成为伦敦夜景的一部分。

盒子社区

李翔：从 2019 年 12 月泉州的盒子社区开始运行到现在，你收到过会对你的想法产生影响的反馈吗？

青山周平：这个项目对我来说，跟其他项目不一样的一个点是，我们自己也在参与这个项目。其他的项目我们都是乙方，只是提供设计服务和创意服务。泉州的项目我们自己也有一部分股份，要跟甲方一起做接下来的发展，所以其实我们也变成了甲方的角色。现在也还在研发盒子和盒子社区用的家具。

它更多的是我们理想化的想法怎么样去落地、怎么样去优化的过程。这几年下来，包括供电的形式、空调，还有晾衣服的问题、隔音的问题，都要去调整，这些都是特别实际的问题。

李翔：这些实际的问题会改变最初理想化的创意吗？

青山周平：会。我们会用最大的努力保护最重要的核心部分，但我们也会做很多妥协。比如说电的部分，我们最开始理想化的想法是用充电电池，有点像电动车一样，每个盒子都有电池，电用完了可以去充电站充电或者换一个，所以开始的设计没有任何插电的地方。但现在看来，这个形式就目前的规范和技术来说还有点难，我们就把充电电池的形式变成可以插电的、有插座的形式。这也是一个妥协。但这个改变并不破坏最核心的部分，我觉得没问题。

空调也是一样。之前每个盒子里是没有空调的，总体空间有空调就好了。但生活在里面的人说每个盒子还是需要空调的，所以现在我们给每个盒子都安了一个小型的空调，可以自己控制。当然我们也会为了美观，用最大的努力去找一些最合适的空调，放在最合适的位置，用最合适的方式处理这个问题。

李翔：需要保护的最核心的概念是什么？是共享和循环利用吗？

青山周平：用可以移动的盒子做共享社区，这是最核心的部分。这是之前没有在任何地方出现过的、全新的生活模式。如果能保证这个部分，其他的都是小问题。

李翔：但是插电的话，就会损失一部分的可移动性。

青山周平：对。所以要找到最合适的插电的方式，比如说在空间里自上而下布置的插座，可能比地插更灵活。我们会找到一种合适的方式。

建筑与媒介

李翔：社交媒体，包括短视频、小红书、ins 这样的新的媒介形态，会怎么影响建筑和建筑师？

青山周平：建筑和媒体的关系这个问题，其实不是现在才出现。勒·柯布西耶本身就是艺术家和建筑师两个状态[①]。那个时候没有互联网，媒体就是杂志。他特别在意自己的作品怎么样传播，所以他自己做杂志，也写了很多书，偶尔也会自己修作品的图片，追求他想要达到的传播效果。所以在那个时代，建筑师就特别在意媒体，在意自己的作品怎么样传播。

因此我觉得建筑和媒体的关系本身是一直存在的。现在的特点是互联网和社交媒体传播的量和性质都改变了，最大的改变是我们看的是这么小的屏幕，而且是在几秒钟的时间内看完的。如果没有办法在这么小的屏幕上和几秒钟的时间内给人印象，那就相当于不存在。但传播的内容还是图像化的。建筑的图像化还是比较明显的。

---

① 勒·柯布西耶曾在 1920 年创办《新精神》杂志，宣扬自己的艺术理念。

李翔：有没有社交媒体用得比较好的建筑师？

青山周平：比如说MVRDV，荷兰的建筑师团队[①]。他们的建筑是非常有创意的，同时他们的作品在网络上很受欢迎。我感觉他们对传播花了很多精力。

他们的风格因为现在的网络环境，传播得比较广。他们的作品都很有意思，很适合互联网传播。而且我觉得网络其实也影响了他们的风格。

李翔：属于自带传播体质，图片发出来之后，就会有很多人去看那种吧？

青山周平：他们的每个作品都有很直接的、你想要去传播的点。

李翔：我们之前提到过的一些全球化的明星建筑师，他们的传播应该是通过上一代的媒体来完成的吧？

青山周平：扎哈也好，库哈斯也好，安藤忠雄也好，这些人出名的时间确实是在互联网或者社交媒体大量出现之前，所以应该还是依靠传统的媒体。

李翔：你认为这两种不同的媒介形式会塑造不同的建筑

① MVRDV是由三位荷兰建筑师在1991年成立的建筑师事务所。

师吗？

青山周平：我觉得会。杂志和书还是针对专业人士的，逛SKP[①]的群体可能不会专门看安藤忠雄的作品集，或者他写的书，但他们会在小红书看到安藤忠雄的作品。所以看这两种媒介的人是完全不一样的群体，一个是专业的群体，一个是大众，这个差别很大的。

李翔：你在做建筑设计的时候，会把社交网络考虑在里面吗？社交网络的传播，社交网络的评价。

青山周平：一般会考虑，但不会变成一个主要的设计部分。不是说所有的设计都要考虑，但如果有一些想法，我会评估它的社交网络传播的点。比如说成都宽窄巷子的 % Arabica 咖啡馆。这个建筑的中庭区域原来有加建的玻璃屋顶，我们把它拆了下来，把中庭做成白色水面，围绕着水面做了一圈吧台，然后还做了一个平台，伸到水面上。有了这个细节，在这个地方拍照的话就会比较有趣。这就是考虑到了社交网络传播需要的拍照，否则可能不会做这个设计。

不是所有的业主都会说，但现在的确很多业主都会说，希望让我们明确哪个地方拍照片有意思、好看。有的业主不说，但他心里面还是有这样的想法。所以我觉得现在的业主的需

① 北京的一家高端购物商场。

求，肯定包括社交媒体上的影响力。那建筑师就会在细节上去考虑这一点——但不会让它影响到整体的东西。

李翔：就像是变成了一个新的功能分区。

青山周平：对，新的功能分区，所以还是会考虑。比如这个项目[①]，现在的设计里，屋顶上有一块大面积的户外草坪，其实也是在考虑这个点。我们把这些空间节点叫作网红打卡点或者拍照点，但实际上它的意思是一个大家都动心的空间，只不过在现在的语境里是这么表达。比如我们的业主经常说，希望这里是个网红打卡点，他只能这样表达，或者用现在的语言来说是这样，但是他希望大家都很喜欢，是大家都愿意来的建筑，这个需求是没有变的。

李翔：你把建筑作品整理好发到社交媒体上之后，那种激烈的、有的时候很无理的评论和反馈，会影响到你之后的设计吗？

青山周平：到现在为止，社交媒体上争议最大的是苏州的项目[②]。苏州的项目我们发表之后，大概一半的人觉得挺好的，一半的人觉得不好。不好的原因，基本上是觉得看起来风格特别日式。怎么把苏州的老房子改成了日本的？大概是这样的

---

① 指前文提到的嘉兴立体建筑。

② 指有熊文旅公寓项目。

评论。

其他项目基本上没有太多的负面反应。当然每个项目都会有一些人讲，比如深圳的酒店项目[①]，我们外立面用玻璃的镜面效果，有人说鸟会碰到怎么办，类似这样。但只有苏州项目是一半一半，这跟其他项目是完全不一样的状态。

至于会不会改变，总体来说不会变。如果我知道我在做的事情是对的，我就不会被别人的评价改变。当然有些我自己也觉得不好的地方，被发现了，或者被人说的话，我会改的。苏州的这个项目很多人说，把苏州的老院子改成日式的，这样不好，但是因为我自己知道我做的事情是什么，我没有把它做成日式的，所以我就不会特别在意这个意见。

李翔：你会解释吗？

青山周平：公开的没有，也不会在微博上讲。但是可能我下一个讲座介绍这个项目的时候，我会按照这个方式去解释我的设计理念。我知道大家比较关心的点，或者他们不理解的点，那我会照顾这个部分。

李翔：在现在的环境下，对你的作品比较有价值的反馈，主要渠道是什么？都来自什么样的人呢？

---

① 指深圳南头古城的岩也的窄酒店。

青山周平：现在专业人士的评论有点消失的感觉。大家都很忙，（笑）都在做自己的事情。项目也太多了，每天都有几百个项目在做，可能中国的几个建筑评论杂志也顾不上这些。

在日本的建筑领域，比较好的杂志是《新建筑》，这本杂志成了所有日本建筑师都在看的一个讨论建筑的平台。它是一个月刊，每个月都会有特邀评论者评论上个月的建筑，这样它就变成了对整个建筑界的一个记录。这种媒体是会进入历史的，因为它保存的是一个建筑界价值观认同的记录。虽然日本的杂志现在也越来越难，但他们还是在做这件事情。

现在中国有很多著名的建筑师，有很多好的建筑出现，但是没有一个大家认同的、参与讨论的平台，这样的话很难做一个历史的沉淀。现在可能只有社交媒体上的一些反馈，专业的讨论当然有，但规模很小，也缺乏整体性。不过我觉得会出现的。现在的时代不可能再做杂志，但在新的媒体环境里面，应该会出现好的媒体。

李翔：建筑师之间会对对方作品进行评论吗？比如说邀请大家去看一个新作，然后看一看大家的反馈？

青山周平：这个少。在日本的话，比如说我有一个作品发布了，我会邀请同行的建筑师一起来参观，做一个开放日一样的活动，互相交流。在中国，我之前也做过几次对同行开放的活动，但都是小规模的。而且大家都不在一个地方工作。日本的话，大家基本上都在东京，也有这个原因。但应该是要做的，如果有好的机会，我也希望尽量做这种开放日，请一些人来看一下。

李翔：最后还想问一下，有没有你自己构想和创意了比较长时间，但没有得到机会去实现的建筑创意？

青山周平：具体的创意有很多。（笑）比如说这个模型是个美术馆，是在青岛郊区的一个文旅项目[①]。（手指一个模型）它所在地方的地形是一个山坡，然后我们就按照它的地形做了一个美术馆的设计。这个设计是沿着等高线做的，这个线不是建筑师画的线，而是原来就存在的地形的线。这是跟自然的、原来存在的环境的对话，而不是建筑师按照他的想法去改变环境。有点像杭州失物招领的木头视觉墙，不是建筑师的想法，更多的是把这个地方原来存在的逻辑挖掘出来，让它变成一个建筑。

我个人是很喜欢的，但是甲方并不喜欢。我们坚持了一段时间，想要说服他们，但是他们直到最后也没有同意。这个项目就没有做。这是一个没有实现的项目。但如果下一次有比较合适的项目，同样是一个山坡的地形，我会用的。

---

① 参见附录图片“青岛郊区（山坡地形）文旅项目模型”。

附录
访谈中提及的青山周平作品

% Arabica 上海建国西路门店

% Arabica 上海建国西路门店

% Arabica 成都宽窄巷子门店

% Arabica 成都宽窄巷子门店

% Arabica 成都宽窄巷子门店

阿那亚单向空间

阿那亚单向空间

阿那亚唐舍酒店

阿那亚唐舍酒店

阿那亚唐舍酒店

阿那亚味从山海甜品店

阿那亚味从山海甜品店

泉州盒子社区

泉州盒子社区

北京隆福寺木木艺术社区

深圳岩也的窄酒店

杭州天目里失物招领

杭州天目里失物招领

杭州天目里失物招领

苏州有熊文旅公寓

苏州有熊文旅公寓

苏州有熊文旅公寓

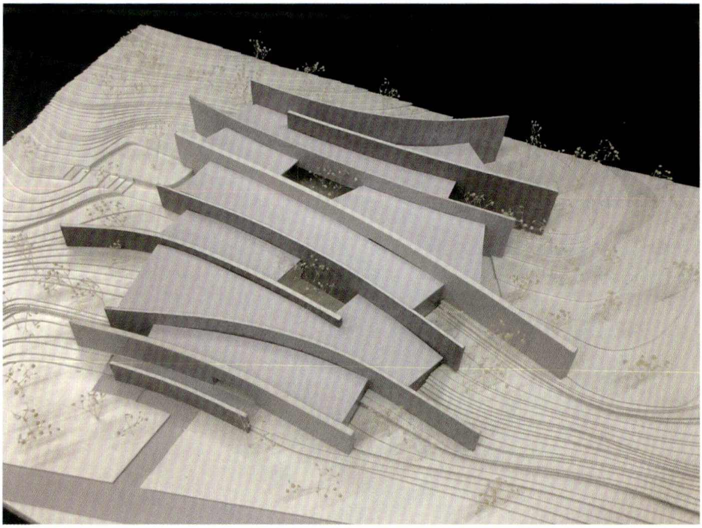

青岛郊区（山坡地形）文旅项目模型

嘉兴立体建筑模型

图书在版编目（CIP）数据

青山周平 / 李翔著．-- 北京：新星出版社，2022.8
（详谈）
ISBN 978-7-5133-4978-9
Ⅰ．①青… Ⅱ．①李… Ⅲ．①青山周平－访问记 Ⅳ．① K833.136.16

中国版本图书馆 CIP 数据核字（2022）第 121206 号

详谈

青山周平

李翔　著

责任编辑：白华召
策划编辑：张慧哲　师丽媛
营销编辑：吴雨靖　wuyujing@luojilab.com
封面设计：李　岩　柏拉图
插　　画：贺大磊
版式设计：仙境设计
责任印制：李珊珊

出版发行：新星出版社
出 版 人：马汝军
社　　址：北京市西城区车公庄大街丙 3 号楼　100044
网　　址：www.newstarpress.com
电　　话：010-88310888
传　　真：010-65270449
法律顾问：北京市岳成律师事务所

读者服务：400-0526000　service@luojilab.com
邮购地址：北京市朝阳区华贸商务楼 20 号楼　100025

印　　刷：北京盛通印刷股份有限公司
开　　本：787mm × 1092mm　1/32
印　　张：6.375
字　　数：113 千字
版　　次：2022 年 8 月第一版　2022 年 8 月第一次印刷
书　　号：ISBN 978-7-5133-4978-9
定　　价：39.00 元
